Roland Hanewald
Insel Langeoog

W0233722

Wie blau ist das Meer,
wie groß kann der Himmel sein!

Helmut Käutner

Impressum

Roland Hanewald
REISE KNOW-HOW Insel Langeoog
erschienen im
REISE KNOW-HOW Verlag Peter Rump GmbH
Osnabrücker Str. 79, 33649 Bielefeld

© **Peter Rump** 1999, 2002, 2006, 2009
5., neu bearbeitete und komplett aktualisierte Auflage 2012
Alle Rechte vorbehalten.

Gestaltung
  Umschlag: G. Pawlak, P. Rump (Layout)
  Inhalt: G. Pawlak (Layout und Realisierung)
  Karten: Catherine Raisin, der Verlag
  Fotonachweis: Roland Hanewald (rh)
  Titelfoto: www.fotolia.de © Eva Gruendemann

Lektorat (Aktualisierung): Katja Schmelzer

Druck und Bindung: Media-Print, Paderborn

ISBN 978-3-8317-2258-7
Printed in Germany

Dieses Buch ist erhältlich in jeder Buchhandlung Deutschlands,
der Schweiz, Österreichs, Belgiens und der Niederlande.
Bitte informieren Sie Ihren Buchhändler über folgende Bezugsadressen:
Deutschland
  Prolit GmbH, Postfach 9, D–35461 Fernwald (Annerod)
  sowie alle Barsortimente
Schweiz
  AVA Verlagsauslieferung AG, Postfach 27, CH–8910 Affoltern
Österreich
  Mohr Morawa Buchvertrieb GmbH, Sulzengasse 2, A–1230 Wien
Niederlande, Belgien
  Willems Adventure, Postbus 403, www.willemsadventure.nl

Wer im Buchhandel trotzdem kein Glück hat,
bekommt unsere Bücher direkt über unseren **Büchershop im Internet:**
www.reise-know-how.de

Wir freuen uns über Kritik, Kommentare und Verbesserungsvorschläge,
gerne auch per E-Mail an info@reise-know-how.de.
Alle Informationen in diesem Buch sind vom Autor mit größter Sorgfalt gesammelt und
vom Lektorat des Verlages gewissenhaft bearbeitet und überprüft worden. Da inhaltliche
und sachliche Fehler nicht ausgeschlossen werden können, erklärt der Verlag, dass alle
Angaben im Sinne der Produkthaftung ohne Garantie erfolgen und dass Verlag wie
Autor keinerlei Verantwortung und Haftung für inhaltliche und sachliche Fehler über-
nehmen. Die Nennung von Firmen und ihren Produkten und ihre Reihenfolge sind als
Beispiel ohne Wertung gegenüber anderen anzusehen. Qualitäts- und Quantitäts-
angaben sind rein subjektive Einschätzungen des Autors und dienen keinesfalls der
Bewerbung von Firmen oder Produkten.

Roland Hanewald

Insel Langeoog

REISE KNOW-HOW im Internet

Vorwort

In der ersten Ausgabe dieses Buches war Langeoog noch als „Insel im Aszendenten" beschrieben worden, denn das Eiland hatte sich seinerzeit recht herzig im Verbund mit Tierkreiszeichen dargestellt und dieserart, wie man wohl hoffte, die Lust auf einen Besuch geschürt. Das wäre aber nicht nötig gewesen. Zum einen ist Langeoog auch ohne das Wissen, „dass der Fisch das Meer liebt", eine Reise wert. Und zum anderen möchte man seine Ferien gern dort verbringen, wo man sich geborgen fühlen kann. Dazu eignet sich Langeoog, deren Slogan jetzt „Insel fürs Leben" lautet, bestens.

Zudem hat die Insel einiges zu bieten: Einen ausgesprochen freundlich wirkenden Ort, 14 km Sandstrand ohne eine einzige den Blick aufs Meer störende Buhne, einige Schwindel erregend hohe Dünen, genügend Raum zum Rad fahren und Wandern ... Außerdem gilt Langeoog als *die* Kinderinsel der Nordsee, das Angebot an Einrichtungen für Kinder ist wirklich herausragend.

Das alles, verbunden mit der nordseetypischen Natur, dem Tosen der Brandung, dem Wind, der klaren Luft, macht den Reiz Langeoogs aus. Komplettiert wird das Ganze dadurch, dass auf der gesamten Insel keine Autos fahren dürfen.

Genügend Gründe also, um nach Langeoog zu kommen. Das vorliegende Buch hilft mit einer Vielzahl an praktischen Tipps, das richtige Feriendomizil zu finden und den Urlaub optimal zu gestalten. Darüber hinaus bietet es detailliertes Hintergrundwissen über die Nordsee, die Natur und die Menschen auf der Insel.

Ich wünsche Ihnen einen schönen Aufenthalt auf Langeoog!

Roland Hanewald

Inhalt

Exkurse

Kartenverzeichnis

151la Foto: rh

Allgemeine
Reisetipps

Anreise

Überfahrt mit der Fähre

Fahrplan

Die Langeoog-Fähren sind **nicht von den Gezeiten abhängig** und verkehren somit nach einem festen Fahrplan. Sofern Wind und Wetter mitspielen, wird dieser Fahrplan auch minutiös eingehalten. Bei schwerem Sturm oder Eisgang kann es natürlich, wofür jeder Mensch Verständnis aufbringen sollte, zu Verschiebungen kommen. Als Faustregel kann man sich merken, dass die Fähren (im Sommer) tagsüber etwa alle 1½ Stunden abfahren. Außerhalb des Sommerfahrplans fahren die Fähren bis zu 5-mal täglich ab Bensersiel. Siehe auch den Fahrplan 10005 im Kursbuch der Bahn und unter www.langeoog.de, schiffahrt@langeoog.de. Außerdem befindet sich ein Fahrplan in der Gastgeberliste.

Warten „wegen zu großen Andrangs" muss man nicht. Die Fähren haben genügend **Kapazität** (zumal sie keine Autos mitnehmen), und zu aus-

Die böse Seekrankheit

Wenn fröhlich nun in See wir stechen
Und eine frische Brise weht,
Soll keiner von euch eher brechen,
Bevor der Eimer vor ihm steht.

Aus „Dr. Dahms Kotzfibel"

Was hier lyrisch besungen wird und manchen Inselfahrer schon im Vorfeld seines Abenteuers in Angst und Schrecken versetzt, kommt auf Langeoog-Reisen gottlob gar nicht zum Tragen. Der Seegang im Wattenmeer hält sich nämlich in sehr moderaten Grenzen. Und wenn's mal ganz dicke kommt (äußerst selten), fahren die Schiffe ohnehin nicht. Auf einer Kutter- oder Segelfahrt kann's allerdings ganz schön schaukeln, und dann gewinnt der fröhliche Vers an Relevanz.

Preise (jeweils einschl. Inselbahn) in Euro:

Fährkarte (Erwachsene) . . . . . . .12,00 (20,50 Hin- und Rückfahrt)
Fährkarte (Kinder 6–16 J.) . . . . . .7,20 (12,30 Hin- und Rückfahrt)
Fahrrad (Hin- und Rückfahrt) 24,00
Hund (Hin- und Rückfahrt) 24,00
Surfbrett (Hin- und Rückfahrt) 20,00
Sperriges Gepäck (Hin- und Rückfahrt) 3,00

Wer sich über E-Mail mit der Reederei in Verbindung setzt, achte darauf,
Schiffahrt mit zwei F (und nicht mit dreien wie im 19. Jh. und neuerdings
wieder) zu schreiben, sonst kommt die Nachricht nicht an:
schiffahrt@langeoog.de

gesprochenen Stoßzeiten werden zusätzliche
Schiffe eingesetzt.

●**Info:** Schiffahrt der Inselgemeinde Langeoog, Fahrkarten-
ausgabe Bensersiel, Tel. 04971-92890, Servicetel. 928925;
Langeoog, Tel. 04972-693260, Servicetel. 693262. Über
die Servicetelefone automatische Ansage der täglichen
Abfahrtzeiten.

An Bord Die **Fahrtzeit** beträgt etwa 45 Minuten. In beiden
Fährhäfen werden die Fahrgäste ersucht, ihr **Rei-
segepäck** zur separaten Beförderung in Contai-
nern aufzugeben. Dieser Regel unterliegen Si-
cherheitsgründe. Wenn einmal ein Ernstfall ein-
treten sollte, kann sich dieser wegen überall he-
rumstehender Koffer und Taschen schnell zum

Hafen Bensersiel

Anleger für Fahrgastschiff Langeoog

P 1

Hafen

2 P

Zufahrt Fahrgastverkehr Langeoog

Neuharlingersiel

Hauptstraße
Alter Stielweg

3 P

L5

0   300 m

L8   Esens

Westeraccumersiel

L5

© REISE KNOW-HOW 2012

P 1 Inselparkplatz GmbH
P 2 Autogaragen Arians GmbH
P 3 Graefs Garagen

GAU steigern. Die separate Beförderung kostet 3 € hin und zurück (bis max. 30 kg). Wackere Seeleute, „vor Habgier gelb im Gesicht", so eine Leserin, kassieren diese Gebühr ein, und „wehe, es gibt kein Trinkgeld!" Ein abschaffenswertes Brauchtum – anderswo (Spiekeroog ...) geht's auch. Wer sich das Gepäck bis zum Feriendomizil befördern lassen möchte, zahlt weitere 3 € pro normales Gepäckstück (Koffer). Zuständig hierfür ist der Gepäckdienst Heyken auf Langeoog, Tel. 04972-6060.

Im Gegensatz zu den nordfriesischen Fähren hat man sich auf den Langeoog-Schiffen noch nicht dazu durchringen können, das Rauchen an Bord völlig abzuschaffen. Die Innenräume sind zwar **rauchfrei,** aber an Deck darf man lustig weiterquarzen, ob's den (in der Überzahl befindlichen) Nichtrauchern nun passt oder nicht.

Anreise per Auto

Im Prinzip ist die automobile Anfahrt einfach: Man rollt in Richtung Norden, bis nur noch Wasser kommt; dann ist man da. Vorher steuere man, je nach Abfahrtsort, die Knotenpunkte **Aurich** (von Westen) oder **Wittmund** (von Osten) an; dort ist die Langeoog-Fähre bereits überall ausgeschildert.

Parken in Bensersiel Doch am Deich ist Schluss mit der Selbstfahrt. **Langeoog ist autofrei.** Wer mit dem Mobil anreist, muss selbiges für die Dauer des Inselaufenthaltes auf dem Festland abstellen.

Insel ohne Autos

Wissen Sie, wie viele Autos es derzeit auf der Welt gibt? Ich will es Ihnen verraten: etwa 475 Millionen. Und das sind nur die im Rollzustand befindlichen, nicht die zig Millionen weiteren als Wracks herumstehenden. Bei durchschnittlich vier Metern Länge pro Wagen ist diese Autoschlange an die 2 Millionen Kilometer lang. 50-mal windet sie sich, Stoßstange an Stoßstange, um den Äquator. (Und zu ihrer Herstellung, nur interessehalber vermerkt, war im Zeichen weltweiter Wasserknappheit die Kleinigkeit von 107.350.000.000.000 Litern Frischwasser erforderlich.) Detuschland hat zu etwa einem Zehntel an dieser täglich größer werdenden Blechlawine Anteil, die schon in 20 Jahren weltweit eine Milliarde Einheiten erreicht haben soll. Man stelle sich das einmal vor: *Eine Milliarde Autos!*

Freut man sich da nicht, sogar als stolzer Besitzer eines chromblitzenden Wagens, einmal *kein* Auto mehr zu sehen? Oder man sollte es zumindest. Autofreie Ferien! Nicht nur beinhalten sie eine gewisse Abgehobenheit von der Masse. Sie bedeuten auch: Die Chauffeursmütze ab, endlich mal. Schluss mit den Abhängigkeiten: Nicht mehr Tankwart sein, zum Beispiel. Kein Dumm-dumm-dumm aus automotiven Beschallungsanlagen mehr. Man ist wieder mündiger Mensch, man darf es sein – für manchen vielleicht eine ganz neue Erfahrung. Und siehe da: Es funktioniert doch. Vielleicht könnte man, versuchsweise zunächst, die auf der Insel gewonnenen Erfahrungen auch aufs Alltagsleben übertragen ...?

Rückblende
Ans Festland zurückbefördert hat das Oberverwaltungsgericht Lüneburg am 8. Juli 1987 Elektro-Autos, mit denen die Post Pakete auf der autofreien Insel Langeoog ausfuhr. Autofrei müsse auch wirklich autofrei bedeuten, urteilte das Gericht und gestand der Post lediglich den Einsatz von Elektrokarren zu.

In Bensersiel gibt es folgende **Garagen und bewachte Parkplätze** (Telefonvorwahl ist jeweils 04971; eine Reservierung ist nicht erforderlich):

- **Autogaragen Arians GmbH,** Am Hafen 12, Tel. 887.
- **Graefs Garagen,** Hauptstr. 1, Tel. 833.
- **Inselparkplatz GmbH,** direkt am Fähranleger. Tel. 3100, nach Dienstschluss 7482. Dieser Parkplatz ist, weil vor dem Deich gelegen, nicht sturmflutsicher.
- **Tagesparkplatz der Schiffahrt Langeoog,** Am Fähranleger, Tel. 92890.
- **Preise fürs Parken** (jeweils pro angefangenem Tag): 2,50 € bis 6 €.

Anreise mit der Bahn

Vom Rhein-Ruhrgebiet fährt man über Münster und Emden nach der Stadt **Norden.** Dort wartet fahrplangerecht ein sogenannter Bäderbus und befördert einen nach Bensersiel. Für Anreisende aus östlichen Richtungen ist der Endbahnhof **Esens.** Umsteigen muss man in Sande auf der Nordwestbahn-Strecke Bremen – Oldenburg – Wilhelmshaven. (Achtung, aufpassen: Sande ist wegen Gleisarbeiten bis auf weiteres nur per Ersatzbus ab Oldenburg bzw. Rastede erreichbar!) Auch in Esens steht wiederum ein Bäderbus bereit. Im Sommer gibt es auch eine Verbindung über **Leer** und **Aurich.** Die Bahn erteilt Auskunft.

Die Bahn kann auch für die Beförderung des **Reisegepäcks** bis zur Unterkunft auf Langeoog sorgen. Das kostet natürlich eine Kleinigkeit. Informationen über die Preise, welche von der Distanz abhängen, erhält man in jedem Bahnhof und über

Puff, puff, wir fahren mit der Inselbahn!

Der Kurgast setzt sich bei Ankunft in Langeoog zumeist gedankenlos in ein Wägelchen der Inselbahn und lässt sich ohne das Wissen um aufregende technische Einzelheiten in den Ort karren. Da entgeht ihm (oder ihr) aber vieles. Dieser Text schafft Abhilfe.

Wen würde nicht interessieren, wer sich da vorne mit soviel Schmackes in die Seile legt! Es handelt sich um eine **Lokomotive** des Typs CFL-250 DCL. Sie hat Kardanwellen (C), Flüssigkeitsgetriebe (FL) und 250 Diesel-Muckis (D). Über 2 Adern eines 13-poligen (!) UIC-Kabels wird ihre zeitmultiplexe Wendezugsteuerung kontrolliert, ohne die natürlich nichts tut. Versteht sich, dass eisenbahnbetriebliche Rückfallebenen in der Sicherheit Widerhall finden. Auch wird die Durchschlagzeit der elektrischen Zugbremse optimal reduziert. Und an das Motorschwungradgehäuse ist ein Drehmomentwandler mit Direktgang des Typs Clark CL 8572 verlässlich angeflanscht, damit alles besser flutscht. Unterrum ist die Lokomotive aus dem gleichen Grund selbstverständlich mit Spurkranzschmierung ausgerüstet. (Wer fährt heute auch noch ohne Spurkranzschmierung?) Die Motoren sind ökologisch okay (Kat!), heißt es.

Die Farbgebung (gemeinhin Farbe) der Lok ist feuerrot.

Doch nun zu den **Personenwagen!** Die Rahmen zu Füßen der Fahrgäste bestehen zwar aus ganz popeligen (d. h., handelsüblichen) U- und Winkelprofilen. Aber alles andere ist vom Feinsten. So hat man zum Beispiel im Innern der Wagen jede Menge einer fabelhaft stimulierend klingenden Substanz ausgegossen: Antidröhnmasse. Zur Minderung des Körperschalls. Dieser kleinen Sorge ist man also ledig. Aufmerksame Beobachter werden zudem erkennen, dass an den Scharfenbergkupplungen am Kopfträger nachgearbeitet wurde. Wegen der Kurven. Dafür sind die Radsätze aber mit doppelsystemigen Kegelrollenlagern ausgestattet. Das Dienstgewicht der Wagen beträgt 14,3 Tonnen, also ganz schön schwere Wummis. „Entsprechend der Urlaubsstimmung der Fahrgäste" wurden Farbgebungen wie (u. a.) Enzianblau, Tomatenrot und – ich hoffe, das korrekt verinnerlicht zu haben – *Verkehrspurpur* gewählt.

Gute Reise! Mit diesem Fachwissen befrachtet, wird Ihnen die spurkranzgeschmierte Fahrt vom Hafen nach Downtown Langeoog viel mehr Freude bereiten! Und möge das Erlebnis Sie in enzianblaue, tomatenrote und insbesondere verkehrspurpurne Urlaubsstimmung versetzen!

das Bahn-Service-Telefon 01805-236723 (8–
17 Uhr).

Auf der Insel geht es ab Hafen auf jeden Fall mit
der **Inselbahn** weiter, die jeweils zu den Ankünf-
ten der Fähre bereitsteht. Der Preis für diese Bahn
ist im Fährtarif enthalten. Die Fahrt in den Ort
(2 km) dauert nur ein paar Minuten.

Anreise mit dem Flugzeug

Luftverkehr Friesland Harle (LFH) fliegt **von Harle**
(nördlich von Wilhelmshaven) und auf Charterba-
sis auch **von Bremen** nach Langeoog. Info: Tel.
04464-94810 und www.inselflieger.de.

Preise: Ab Harle im Sommer 1–2 Pers. 120 € (240 € hin und zurück).

Der LFH gibt auch Auskunft über Zubringer vom Bahnhof Sande und über Parkmöglichkeiten am Flugplatz Harle.

Der Flugplatz Langeoog kann auch (vom 1.5. bis 30.9.) von **privaten Kleinmaschinen** angeflogen werden. Öffnungszeiten: 9–13 und 15–19 Uhr.

Anreise mit dem eigenen Boot

Der Langeooger Hafen bietet den **Sportseglern 150 Liegeplätze,** er fällt allerdings zum Teil trocken. Im Clubhaus „Kajüte" (Tel. 04972-748), genau vorm Anleger, gibt es Restauration und einen Kiosk, außerdem WCs und Duschen. Sogar ein Fahrradverleih ist praktischerweise vertreten, allerdings kein Bootsverleih. Ende Juni/Anfang Juli findet jährlich eine große Regatta statt.

Wer mit dem **Seglerverein Langeoog** Kontakt aufnehmen möchte: Tel. 04972-508.

Anreise zu Fuß

Nanu – zu Fuß? Von der Distanz her – es sind nur moderate sieben Kilometer – ist ein **Anmarsch übers Watt** überhaupt kein Problem. Allerdings liegen ein paar eklig tiefe Priele zwischen Festland und Insel, außerdem Teile des Nationalparks, deren Betreten verboten ist. Man muss deshalb ziemlich im Zickzack laufen. Und wenn es zu nebeln beginnt und das Wasser aufläuft, dann sieht man, allein auf sich gestellt, ganz schön alt aus … Im Gefolge von „staatl. gepr." **Wattführern** wird man jedoch sicher und verlässlich hinübergeschleust, weshalb man auf deren Dienste keinesfalls verzichten sollte. Auf dem Festland bieten zwei von ihnen Führungen an:

● **Ulrich Kunth,** Dornum. Tel. (abends) 04933-1027, Fax 2406.
● **Martin Rieken,** Aurich. Tel. 04941-8260, Fax 982855.

Rechtzeitig anmelden, da der Termin gezeitenab-
hängig ist und abgesprochen werden muss. Treffpunkt ist gewöhnlich Bensersiel. Rückkehr per
Schiff.

Unterkunft buchen

**Gastgeber-
verzeichnis**

Man kann am allereinfachsten die **Zimmervermittlung** Langeoog anrufen (siehe „A–Z") und
sich dort eine Unterkunft besorgen lassen. Da
dieses Büro in der Hochsaison aber stark be-
schäftigt ist, empfiehlt es sich, lieber zunächst
(über eine andere Stelle) ein **Gastgeberverzeichnis** anzufordern. In selbigem kann man in aller
Ruhe blättern und sich eine Bleibe nach eigenem
Gutdünken aussuchen. Das Gastgeberverzeichnis führt **alle Herbergen** der Insel auf; eine separate Preisliste liegt bei. Ebenso eine **Zahlkarte,**
um diese kleine Dienstleistung zu begleichen.
Die Zahlung ist freiwillig, auch wenn man den Katalog angefordert hat.

Vermieter

Alsdann nimmt man mit den Vermietern persönli-
chen Kontakt auf und bringt dabei gegebenenfalls
weitere Einzelheiten zur Sprache, die einem am
Herzen liegen. So sollte man unbedingt erwäh-
nen, dass man **Kinder** mitbringt. Langeoog gilt
zwar als „Kinderinsel", aber nicht alle Vermieter legen Wert auf lärmiges Zwergenvolk. Sie lieben
zwar glockenhelles Kinderlachen, sind jedoch weniger begeistert, wenn selbiges in sägendes Krei-
schen übergeht. Außerdem sind nicht alle Gastgeber für den Nachwuchs eingerichtet. Desgleichen
ist anzufragen, ob **Haustiere** genehm sind; auch
dies ist nicht grundsätzlich der Fall. **Raucher** sind
ebenfalls keineswegs in allen Herbergen willkommen. In der Tat gibt es mehr und mehr qualmfreie
Unterkünfte, sogar richtige „Öko-Häuser". Also
auch da nachhaken.

Reisetipps

Der Vermieter schickt dem Gast nach dieser Absprache den Gastaufnahmevertrag (s. u.) zu, der unterschrieben retourniert werden muss und dann für beide Teile bindend ist.

Preise

Langeoog ist **keine Billigdestination.** Doch die Preise, die bis vor kurzem im ganzen Nordseebereich wegzulaufen drohten, haben sich hier wieder gefangen. Das fand nicht etwa aus freiwilliger Einsicht statt. Es hatte Einbrüche im touristischen Gewerbe gegeben, weil die Gäste sich nicht mehr einfach abkassieren lassen wollten. Generell lässt sich sagen, dass „Normalität" eingekehrt ist und dass es auch wohl dabei bleiben wird.

Langeoogs Gastgeberliste führt alle Preise ohne schnödes Wenn und Aber auf und absorbiert auch die unselige Endreinigung in ihnen, wie es das Gesetz schon seit 1992 verordnet. Weil das Paragrafenwerk aber voller schwammiger Löcher ist, hat man sie jetzt wieder eingeführt. Das vereinfacht die Sache: Wem der Posten zu teuer erscheint, der suche sich einen anderen Gastgeber.

Offiziell sind auf Langeoog keine **Mindestbelegungszeiträume** üblich. Bei Pensionen wird jedoch von minimal drei Tagen ausgegangen, bei Ferienwohnungen von mindestens einer Woche; kürzere Belegungen rechtfertigen einen Aufschlag. Diese Punkte sollten bei einer telefonischen Preisabsprache Erwähnung finden.

Für die Berechnung des **Übernachtungspreises** gelten An- und Abreise als ein Tag.

Angaben im Buch

Die in diesem Buch aufgeführten **Preise** gelten für die Hochsaison (HS, 1.6.–30.9.) und jeweils für eine Person, im Doppelzimmer (DZ), aber nicht in Ferienwohnungen.

In diesem Buch genannte Beherbergungsbetriebe sind alphabetisch aufgelistet; die **Reihenfolge der Unterkünfte** unterliegt keiner wie immer gearteten Wertung.

**Gastauf-
nahme-
vertrag**

So nennt sich die **Vereinbarung zwischen Mieter und Vermieter.** Weder Zimmervermietung noch Kurverwaltung haben mit diesem Abkommen etwas zu tun und können auch nicht zur Rechenschaft gezogen werden, wenn es zwischen den Parteien Unstimmigkeiten geben sollte. Für Langeoog gilt:

1. Die im Wohnungsanzeiger aufgeführten Preise sind Kosten nach dem Stand (des jeweiligen Jahres).
2. Der Gastaufnahmevertrag ist abgeschlossen, sobald das Zimmer bestellt und zugesagt, oder falls eine Zusage aus Zeitgründen nicht mehr möglich war, bereitgestellt worden ist.
3. Der Abschluss des Gastaufnahmevertrages verpflichtet die Vertragspartner zur Erfüllung des Vertrages, gleichgültig, auf welche Dauer der Vertrag abgeschlossen ist.
4. Der Gastwirt (Hotelier) ist verpflichtet, bei Nichtbereitstellung des Zimmers dem Gast Schadenersatz zu leisten.
5a. Der Gast ist verpflichtet, bei Nichtinanspruchnahme der vertraglichen Leistungen den vereinbarten oder betriebsüblichen Preis zu zahlen, abzüglich der ersparten Aufwendungen.
5b. Die Einsparungen betragen nach Erfahrungssätzen bei:
    - Ferienwohnungen/Appartements ca. 10%
    - Übernachtung mit Frühstück ca. 20%
    - Übernachtung mit Halbpension ca. 25%
    - Übernachtung mit Vollpension ca. 40%
    des Preises.
6a. Der Gastwirt ist nach Treu und Glauben gehalten, nicht in Anspruch genommene Zimmer nach Möglichkeit anderweitig zu vergeben, um Ausfälle zu vermeiden.
6b. Bis zur anderweitigen Vergabe des Zimmers hat der Gast für die Dauer des Vertrages den nach Ziffer 5 errechneten Betrag zu zahlen.
7. Gerichtsstand für Langeoog ist Esens.

Die Kurpackung

Reform mit Folgen

Einst, vor der großen Gesundheitsreform vor ein paar Jahren, konnte in deutschen Landen nach Herzenslust gekurt werden. Die Kassen – und mithin die Öffentlichkeit – hatten das zu tragen. Dann machte sich ein Minister namens *Seehofer* mit spitzer Feder ans Rechnen, und es stellte sich heraus, dass das **deutsche Kursystem** selber kurbedürftig war. Mit anderen Worten: Wir konnten uns den Luxus der „weißen Industrie" (die als solche an dem System glänzend verdiente) gar nicht leisten. Deshalb wurde reformiert. Das begann schon beim Namen. Die Kur heißt jetzt „Ambulante Vorsorgeleistung", und man gelangt nicht mehr so leicht an sie wie einst.

Hinzu kam – kommt immer noch –, dass im Zeichen der angespannten Arbeitswelt viele Arbeitnehmer, auch mit rechtlichem Anspruch, aus **Angst vor Jobverlust** nicht mehr kuren wollen – vielleicht war die Kur in guten Zeiten nicht gar so bitter nötig, wie sie oft dargestellt wurde.

Auf Langeoog machte sich der Kurkurswechsel mit einem Rückgang der sogenannten Anwendungen in Höhe von 40 Prozent bemerkbar. Das dadurch entstandene Defizit hat man aber offenbar auffangen können. Das „Kur- und Wellnesscenter mit Nordsee SPA" Langeoog sieht der Zukunft deshalb ganz gelassen entgegen.

Wie man zur Kur kommt

Am Anfang steht grundsätzlich das Gespräch mit dem behandelnden Arzt.

Für **Privatpatienten** gilt folgendes: Der Arzt entscheidet, ob eine Kur angetreten werden soll. Im ersteren Fall reist man an und besucht auf der Insel einen Kurarzt eigener Wahl. Termine in den Kureinrichtungen können sodann über Tel. 04972-693-215 arrangiert werden. Dieses Büro ist auch für Zahlungen zuständig.

Kassenpatienten erhalten vorerst eine Kurverordnung von ihrem Arzt. Erstattet werden (je nach

Kasse) das Honorar für den Badearzt und 85% der Kurmittel. Absprachen mit der Kurverwaltung alsdann wie oben. Bei sozialen Härtefällen übernimmt die Rentenanstalt die Zuzahlungen.

Kurtaxe

Eine Zeit lang sah es so aus, als wollte man die **ungeliebteste Institution** des deutschen Kurwesens gleich mitreformieren. Die Kurtaxe hat seit ihrer Einführung im 19. Jahrhundert Badegäste aller Klassen aufs Schwerste verärgert und manche bestimmt von einem Inselbesuch dauerhaft abgehalten. Denn wer einen „staatlich anerkannten" Kurort besucht, muss dort eine Art Platzgeld bezahlen. Ganz egal, und das wird in Kurtexten immer wieder hervorgehoben, ob man die dortigen „Einrichtungen" in Anspruch nimmt oder nicht. Das Argument, man wolle nur ein wenig Nordseeluft tanken oder sich am Meeressaum die Füße vertreten, hat keine Gültigkeit – bezahlt werden muss immer.

Gegner der Kurtaxe haben versucht, sie gerichtlich – bis hin zur Verfassungsklage – zu Fall zu bringen. Vergebens. Die lokale Sondersteuer ist festgemauert in der Erde, und wer sich gegen sie auflehnt, sitzt am kürzeren Hebel. Er wird zur Zahlung verdonnert oder des Paradieses verwiesen. Auch politisch wollte man sie abschaffen, weil sie nicht mehr in die europäische Landschaft passt. Ebenfalls vergebens. Die Kurkommunen wollen und können nicht auf diese fröhlich sprudelnde Geldquelle verzichten.

Die wortreiche Apologetik, mit welcher die **Kurkommunen** den „Kurbeitrag", zu dem die Taxe heute schöngeschrieben worden ist, immer wieder (v)erklären und verteidigen, sollte misstrauisch stimmen. Kosten die „Bewirtschaftung des Strandes" und die Installation von Sitzbänken, so zwei stets aufs neue heraufbeschworene Maximalposten, wirklich viele Millionen? Ginge es nicht vielleicht ein bisschen billiger? Ketzerische Proteste, auch aus berufenen Fachkreisen, sehen den Kurbeitrag vor allem in aufwendigem Verwaltungsaufwand versickern. Und manche Spielverderber sagen mit dem, wie sie vermeinen, bevorstehenden Ableben des Kursystems auch das Ende des Kurbeitrags voraus. Klar – keine Kur, keine Kurtaxe.

Mag sein. Bis es zu diesem Extrem kommt, wird der Beitrag aber noch kräftig kassiert. **Langeoog** ist mit recht empfindlichen Tarifen dabei – ein Ehepaar mit zwei Kindern löhnt in der Hauptsaison immerhin 13,20 € am Tag. Das macht zwei Hunderter für zwei Ferienwochen – ohne Inanspruchnahme von Spielhäusern (die allerdings vorbildlich sind), Leseräumen und „gepflegten Parkanlagen".

● **Höhe der Kurtaxe** (pro Tag, in Euro)

1.–28. Tag (danach frei)	Sommer (HS)	Frühling Herbst Weihnachten	Winter
	1.6.–30.9.	1.3.–31.5. 1.10.–31.10. 24.12.–7.1.	1.11.–23.12. 8.1.–27.2.
Erwachsene	3,50	2,80	2,20
Kinder (6–15 J.)	2,10	1,70	1,30

Kurtaxbefreit sind Kinder bis zur Vollendung des 6. Lebensjahres. Während der Schließung des Schwimmbades (8.1.–27.2.) beträgt die Kurtaxe 1,00 bzw. 0,60 €.

Langeoog-Card

Um zu vermeiden, dass sich Inselbesucher vor der Bezahlung des Beitrags schnöde drücken, hat Langeoog nach dem Vorbild von Norderney seit einiger Zeit eine Chipkarte eingeführt, mit der die Zechprellerei endgültig abgestellt werden soll. Die Sache funktioniert folgendermaßen: Das **Ticket für die Fähre** ist jetzt nicht mehr aus Papier, sondern aus Plastik. Man kauft es nach wie vor am Schalter in Bensersiel. Wer mit einem bis Langeoog gültigen Bahnfahrschein anreist, erwirbt es am gleichen Schalter dazu.

Die LangeoogCard wird beim Anlandgehen an einer Drehsperre elektronisch aktiviert, mutiert damit zur Kurkarte, die diverse Vergünstigungen beinhaltet, darunter einen Gratisbesuch des Wasserturms und „freien Zugang zu allen Stränden", sowie freie Benutzung der Inselbahn, Sportanimation zum Nulltarif und noch einiges mehr.

Bei Tagesgästen ist die Kurtaxe bereits in Plastik eingegossen und mithin im Fährpreis enthalten. Alle anderen müssen sie an **Service-Stellen oder Automaten** bezahlen, die strategisch über das Ortsgebiet verteilt sind: Bahnhof, Rathaus, Kurviertel, Haus der Insel, Schwimmbad (siehe Karte Umschlagklappe vorn). Die ersten beiden Stellen sind rund um die Uhr bedienbar, die anderen nur tagsüber. Der Gast löhnt an einer dieser Stellen die Abgabe bis zum vorgesehenen Abreisedatum, und die Karte wird mit einem entsprechenden elektronischen Vermerk versehen. Wer vorzeitig abreisen muss, erhält die Differenz von einer der Service-Stellen zurück.

Falls sich bei **Abreise von der Insel** jedoch Außenstände auf der Karte zeigen sollten – was beim Betreten der Fähre überprüft wird –, erfolgt an Ort und Stelle inkasso. Wer seine Ferienkasse bis zu diesem Zeitpunkt auf Null heruntergewirtschaftet hat, muss zu Fuß übers Watt zurück – nein, ich möchte solch unedlem (und sehr riskantem) Tun mit dieser Erwähnung keinen Vorschub leisten ... Also lieber das nötige „Klein"geld für diesen Notfall dabei haben.

Quittungen aufheben, falls die Karte verloren gehen sollte!

Die Karte kann auch **im Voraus** von der Kurverwaltung Langeoog angefordert werden. Ein Antragsformular liegt dem Gastgeberverzeichnis bei.

Fragen zur LangeoogCard unter: Tel. 04972-693266, service@langeoog.de; Online-Formular: www.vorbestellung.langeoog.de

Die Nordsee

Land und Meer

Uralte Nordsee

Unsere Nordsee hat schon ein paar Lenze auf dem Buckel. Vor ungefähr 300 Millionen Jahren existierte sie bereits als sogenanntes **Senkungsbecken.** An ihren tropischen Gestaden wucherte üppige Vegetation, und im fußwarmen Wasser tummelte sich uriges Getier, zum Teil von Furcht erregenden Dimensionen. Dann wieder übernahmen wüstenartige Verhältnisse das Regime, und das meiste Leben erstarb. Letztlich, rund 400.000 Jährchen ist's her, zog arktisches **Eis** heran und deckte alles mit seinem starren Panzer zu. Es muss recht ungemütlich gewesen sein in jenen Gefilden, wo man sich heute dick mit Sonnenschutz einreibt.

Meeresspiegel

Gleichzeitig lag der Meeresspiegel bis zu 130 m niedriger als jetzt. Vor 10.000 Jahren waren es etwa 45 m, und da das Nordseebecken extrem flach ist, dürfte der heutige Meeresboden zum größten Teil **trockenes Land** gewesen sein; man konnte von Dänemark nach England spazieren. Dieses

Land war auch bereits von **Menschen** bewohnt. Fischer haben in der Neuzeit häufig Gegenstände ans Licht gebracht, die darauf hindeuten – selbst weit draußen auf hoher See.

Etwa 5000 Jahre später war nach einer längeren **Wärmeperiode** das Wasser bei etwa 8 m unter dem heutigen Pegel angelangt, und das Meer bedeckte den einstigen menschlichen Siedlungsraum fast zur Gänze.

Die Nordsee

Ost-friesische Inseln

An den neuen Küsten brandete die Nordsee und warf **hohe Sandbänke** auf – dieserart entstanden die ostfriesischen „Barriere"-Inseln. Im Gegensatz zu ihren nordfriesischen Schwestern sind sie keine Überreste eines im Mittelalter von Sturmfluten zerschlagenen Festlandes. Sie wuchsen von Nordwesten her aus der See empor, Sandkorn für Sandkorn, bildeten schließlich Dünen und Vegetationszonen.

Auf Borkum, der größten von ihnen, lebten bereits zur Zeitenwende **Menschen.** Norderney gab es zu jenem Datum noch gar nicht. Die Insel Langeoog dürfte im ersten vorchristlichen Jahrhundert feste Formen angenommen haben, doch eine Besiedlung, auf die noch zurückzukommen sein wird, erfolgte erst im Mittelalter.

Und zwischen allen Inseln und dem Festland dehnt sich das **Watt,** viele Quadratkilometer sandige und schlickige Flächen, die im Takt der Gezeiten im Meer verschwinden und wieder aus ihm auftauchen. Mehr zu dieser eigentümlichen Landschaftsform später im Buch.

Heute muss angesichts eines weiterhin steigenden Meeresspiegels um die **Existenz der Nordseeinseln** gebangt werden. Aber einige Zeit werden sie uns trotz mancher Unkenrufe wohl noch erhalten bleiben, zurzeit werden sie sogar größer! Auch Langeoog.

Abend über der Nordsee

Auf der Jagd nach Nordseegold

Vor gut 50 Millionen Jahren tropfte **Harz** von tropischen Bäumen im heutigen Skandinavien und Westrussland und verhärtete sich später in **glazialem Eis** zu einer felsenfesten Substanz – Bernstein. Die Eiszeiten transportierten diesen Stoff südwärts und lagerten ihn in großen Mengen in den Senken ab, aus denen Nord- und Ostsee entstanden. Dort wurde er im Altertum am Meeresstrand gefunden oder aus dem Boden gegraben und stellte ein begehrtes Handelsgut dar.

Auch heute noch landet **Bernstein an den Stränden** an, und jener Langeoogs bildet insofern keine Ausnahme, zumal gelegentliche Sandaufspülungen Bewegung in die Sache bringen. Eine Wanderung entlang des Inselstrandes kann in ein paar ganz hübschen Funden resultieren, wenn man sich etwas in der Materie auskennt. Bernstein tritt zumeist in kleinen Stücken auf, mitunter sind aber ganz beachtliche Brocken dabei. Mancher Tourist ist bestimmt schon mit stattlicher Beute wieder abgereist, schweigend vielleicht, aus Sorge, seine Funde einer amtlichen Stelle abliefern zu müssen. Doch der Strandvogt verzichtet heute auf seinen Anteil; es heißt: *„Finders, keepers"*.

Der **Geldwert der Fundstücke** ist in den allermeisten Fällen ohnehin minimal; die Verluste durch die Kurabgabe lassen sich mit ihnen kaum wettmachen. Es sei denn, die Steine wären von außergewöhnlich klarer Textur oder besonderer Farbe (z. B. schwarz oder blau) und besäßen damit das Potenzial, zu Schmuck verarbeitet zu werden. Selten und von Interesse für Sammler sind auch Exemplare mit sogenannten **Inklusen,** eingeschlossenen Kleintieren oder Pflanzen. Für zwei 50 Millionen Jahre alte, kopulierende Mücken blättern Liebhaber einen ganz ansehnlichen Betrag hin, nämlich an die 5000 €. (Für die noch „skurrileren" – so das Fachwort – Flöhe gibts das Drei-, für Skorpione das Sechsfache.) Etwa jeder zehntausendste Stein weist eine tierische Inkluse auf, nur jeder millionste gar eine pflanzliche. Dringend gesucht sind Kiefernnadeln im goldenen Aspik.

Aber es geht am Strand ja eigentlich nur um den Spaß an der Freud'. So rar ist der Stoff auch gar nicht. Auf den Inseln wurden **Mengen** an „Brennstein" (so die Bedeutung) früher in dicken Klumpen wie Kohlen verfeuert. Die Bestände des Baltikums schätzen Fachleute auf vier Milliarden Tonnen.

Und **nicht nur im Norden** tropfte Harz von Bäumen, um zu Bernstein zu verhärten. Große Lagerstätten hoher Qualität sind auch aus den USA (Arkansas, New Jersey) bekannt, und riesige Vorkommen werden ebenfalls aus Jordanien, dem Baskenland und der Dominikanischen Republik gemeldet. Das Etikett „Gold des Nordens", mit dem Bernstein hier immer beklebt wird, trifft im strengen Sinn demnach nur auf hiesige und nicht auf weltweite Vorkommen zu, obwohl Schmuckstücke durchaus von fernher stammen mögen.

Man kann sich an verschiedenen Stellen **zum Thema informieren.** Auf dem Festland bereits im Museum „Bernstein-Huus" in Esens (Herdestr. 14, Tel. 04971-2278). Dort wird eine kleine Kulturgeschichte präsentiert, und kaufen kann man ein paar besonders schöne Exemplare ebenfalls. In Bensersiel erteilt das „Bernsteinstübchen" Auskünfte und Einkaufsrat. Und auf Langeoog selbst gibts einen Shop des gleichen Namens in der Barkhausenstraße.

Am Strand findet man Bernstein vornehmlich entlang der Hochwasserlinie, weniger unten am Spülsaum, denn der Stoff ist spezifisch leicht und wird von der See hoch auf den Strand getragen. Die besten **Erfolgsaussichten** hat man bei östlichen Winden, die eine bernsteinfördernde Unterströmung bewirken. Auch ist kaltes Winterwasser einem stärkeren Auftrieb und mithin höherem Fundpotential dienlich. Viel Glück – und mögen Sie nicht dem Goldrausch erliegen!

Die Nordsee

120b.a Foto: rh

In Bernstein eingeschlossenes Insekt

Ebbe und Flut

Lokale Besonderheit

Ich habe es des Öfteren erlebt, dass Nordseeanrainer gegenüber Gästen aus dem Ausland mit lokalpatriotischem Stolz das Phänomen der Gezeiten priesen – als wenn es die **anderswo auf der Welt** nicht gäbe. In den Köpfen der Marschmenschen spukten wohl immer noch die Erzählungen des *Tacitus* umher, der sich um die Zeitenwende in hiesigen Gefilden sehr über das „Atmen des Meeres" gewundert hatte (sein heimisches Mittelmeer ist nämlich fast gezeitenfrei).

Vielleicht hoben die guten Leutchen auch „ihre" Gezeiten in den Himmel, weil **an der Nordsee** bei Niedrigwasser in der Tat riesige Flächen des Meeresbodens trockenfallen. Im Wattenmeer sind es immerhin etwa 5000 qkm, eine Ziffer, die in dieser Verbindung weltweit unerreicht ist. Und insofern haben die Heimatfreunde hinterm Deich so ganz unrecht nicht.

Erklärungsversuche

Dort, an den Deichen, hielten sich bis in die Neuzeit hinein recht abenteuerliche **Mythen** darüber, wie der Pulsschlag des Meeres wohl zustande kam. Die alten Griechen und Römer sowie der Engländer *Isaac Newton* waren bereits zu der Erklärung gelangt, dass der **Mond** dahinter steckte.

011la Foto: rh

Die Nordsee

Aber bei denen handelte es sich ja um „Forensen"
(ein ganz spezifisches Inselwort für Fremde), und
denen war traditionell nicht zu trauen ...

Praktische Bedeutung **Für den Badegast** ist es gut zu wissen, wann das
Wasser auf- oder abläuft und wann es zum Still-
stand kommt. Die steigende Nordsee nämlich
bringt saubere, klare Fluten von draußen mit, und
zudem wickelt sich das Strömungsgeschehen zah-
mer als bei Ebbe ab. Das Baden bei auflaufendem
Wasser ist insofern auch sicherer, als der Strom
drückt und nicht zieht; man wird wieder an den
Strand zurückgespült und nicht hinaus auf die offene See. Andererseits passiert es bei Flut eher,
dass man den Boden unter den Füßen verliert;
plötzlich ist dort Wasser, wo eben noch Land war.
Kindern widme man bei steigendem Wasser also
besondere Aufmerksamkeit.

Hauptstrand bei Niedrigwasser

Trockenfallendes Watt

Von größtem Belang sind die Gezeiten natürlich für **Wattläufer,** die in Unkenntnis der Dinge in arge Malesche geraten können. Man studiere folglich die Gezeitenangaben, die in allen Einrichtungen der Kurverwaltung aushängen („Tidekalender"), und mache sich ein Bild.

Begriffe

Im Tidekalender tauchen die Begriffe „Ebbe" und „Flut" übrigens nicht auf, denn sie sind kein Küstendeutsch. Ebbe wird **ablaufend Wasser** genannt, das bei **Niedrigwasser** seinen Tiefpunkt erreicht, und umgekehrt spricht man von **auflaufend Wasser** bzw. **Hochwasser.** Sind diese jeweiligen Tief- und Höhepunkte erreicht, läuft etwa eine halbe Stunde lang gar nichts. Dann „kippt die Tide", und der Vorgang wiederholt sich in entgegengesetzter Richtung.

Physikalisches

Die Gezeiten folgen in der Tat dem **Mond** und, in weitaus geringerem Maß, der Sonne und anderen Gestirnen. Das Ganze verläuft etwas unrund, weil der Mond annähernd 25 statt 24 Stunden für eine Erdumkreisung braucht. Die Tiden treten deshalb in **Abständen** von 6 Stunden und 13 Minuten auf, und es gibt demnach jeden Tag Verschiebungen. Aber die muss man nicht selbst berechnen, zumal mehrere weitere, komplizierte Faktoren ins Kalkül kommen. Es genügt ein Blick auf den Tidekalender und die Einsicht, dass die 2,40 Meter über Normalnull, die das Hochwasser bei Langeoog in der Regel erreicht, zum Ertrinken tief genug sind.

Wind und Wetter

Treibhaus – ja oder nein?

Wird es nun wärmer oder nicht? Wachsen bald Palmen an deutschen Küsten? Gehen die Nordseeinseln unter?

Die apokalyptischen **Prophezeiungen der Klimaforscher** schienen 1998 einen finalen Tiefpunkt der Fehlprognostik erreicht zu haben, als sich in Nordeuropa ein Sommer einstellte, der nach manchen Berichten „ein Winter war". Die Fachleute waren allerdings schon im Vorjahr zu dem Konsens gelangt, dass es wohl doch nicht so schlimm kommen werde mit der globalen Aufheizung: Der vorhergesagte Weltuntergang fiele aus. Nun, man kann sich ja mal irren.

Dennoch zog der Spätsommer 1998 nach und brachte mit 41,2°C (in Brauneberg an der Mosel) die höchste jemals in Deutschland registrierte Lufttemperatur. Auch in Südeuropa war es um die Jahresmitte entsetzlich heiß, und von anderswo wurden ebenfalls **Hitzerekorde** gemeldet.

Dass es auf Erden wärmer wird, daran besteht überhaupt kein Zweifel. Seit 600 Jahren hat man bei uns nicht so geschwitzt wie in der Jetztzeit, haben Forscher ermittelt, und die meisten von ihnen sind sicher, dass die im 19. Jahrhundert massiv eingesetzte Industrialisierung der Welt damit wohl etwas zu tun hat. Doch die **Zunahme der Erwärmung** geht offenbar deutlich langsamer vonstatten, als man zunächst posaunt hatte. Die angedrohten Turbulenzen, Stürme und Fluten werden sich zwar verlässlich einstellen. Sie hätten es aber auch ohne diese Analysen getan, und gegeben hat es sie schon immer, wie ein Rückblick auf das Klimageschehen der letzten Jahrhunderte erweist.

Wetterprognose

Die Schwächen (und Schwachheiten) der langfristigen Klimaprognose der **Meteorologen** werden stets dadurch aufgezeigt, dass es, wie der Volksmund sagt, erstens anders kommt, und zweitens als man denkt. Die Erde scheint immer noch zu groß zu sein, um sich in kleine Computer zwängen zu lassen. Außerdem kann, wie es heißt, „der Flügelschlag eines Schmetterlings am Amazonas" die schönsten Kalkulationen wieder über den Haufen werfen. Zumindest versuchen die Wettertechniker, mit der ihnen zur Verfügung stehenden teuren Maschinerie halbwegs brauchbare Vorausblicke anzustellen.

Nicht die Spur von Glauben schenken darf man dagegen **Spökenkiekern und Kartenlegern,** die im Januar einen goldenen August vorhersagen und für die zweite Oktoberhälfte eine wolkige Analyse abgeben. Sie haben immerhin eine potenzielle Trefferquote auf ihrer Seite, die günstiger als beim Lotto-Jackpot (1 : 140 Millionen) liegt, nämlich 1 : 1. Ist die Prognose falsch – nun, das kann passieren, und man hört nichts mehr darüber. Ist sie, einzige alternative Möglichkeit, richtig, steht der oder die Betreffende ganz groß da. Selbst der **Bauernkalender** erscheint mitunter verlässlicher, obwohl auch diese rustikale Auskunftsdatei sich oft irrt und ohnehin zu großen Teilen auf schlichtem Aberglauben und selbsterfüllenden Weissagungen beruht.

Westwind-trift

Im Prinzip hat sich am Klima des Nordseebereichs auch im Zeitalter der globalen Aufheizung nichts geändert. Und das wird es auf lange Sicht auch nicht. Nach wie vor bewirkt der von der Tropensonne erhitzte **Golfstrom** westlich von Europa das Aufsteigen warmer Luftmassen, die sich zu Tiefdruckgebieten verwirbeln und, der Erddrehung wegen, auf die Reise nach Osten gehen. Das Azorenhoch, das seit Urzeiten festgemauert im mittleren Nordatlantik steht, sorgt dafür, dass der **Kurs der Tiefdruckgebiete** (auch Zyklone genannt) zumeist über die Britischen Inseln und Südskandinavien führt. Ihre Zentren trudeln mithin in der Mehrzahl über die Nordsee, deren südliche Küsten dem Wettergeschehen ihrer Unterseiten ausgesetzt sind, auf denen, so will es die Natur, die ekligsten Verhältnisse herrschen. Und weil westliche Winde hier vorherrschen, wird diese Schneise die „Westwindtrift" genannt.

Typische Wetter-abfolge

Grob gesehen bewegt sich die Luftströmung um ein „Tief" auf der Nordhalbkugel gegen den Uhrzeigersinn (und ein paar Grad auf das Zentrum zu, aber das wollen wir vernachlässigen). Wenn nun-

**Luft- und Wassertemperaturen
auf Langeoog (°C)**

	Juni	Juli	Aug.	Sept.
Mittl. Tagesmax., Luft	17	19	19	17
Mittl. Nachtmin., Luft	11	13	13	11
Monatsmittel, Wasser*	15	17	18	16

*) Die Tag- und Nachttemperaturen sind
nahezu konstant.

Die Nordsee

mehr also ein Insulaner nach Südwesten schnup-
pert und ankündigt: „Dat gifft Slechtweer!" –
dann ist das gar kein Kunststück und auch keine
Demo „uralter Fischerweisheit". Im **Vorfeld eines
anrückenden Tiefs** weht der Wind halt aus Süd-
west. Mit dieser elementaren Kenntnis ausgerüstet, weiß man, dass da „was im Kommen ist",
schlechtes Wetter nämlich. Jetzt fällt auch der ba-
rometrische Druck, weil die Luft in einem Tief ja
nach oben zirkuliert; unten wird sie, bildlich ge-
sprochen, „dünner".

Im Südsektor eines Zyklons stoßen Warm- und
Kaltluft aufeinander; es bilden sich „Ausläufer".
Dem Tiefdruck geht in der Regel eine sogenannte
Warmfront voraus, die meistens von Regen, Ne-
bel oder zumindest trübem Wetter begleitet ist.
Nach ihrem Durchzug folgt im Allgemeinen eine
Kaltfront mit Schauern und/oder Gewittern. Der
Wind brist jetzt auf und springt, je nach Verlauf der
Front, auf West, Nordwest bis Nord, und gleich-
zeitig wird es klarer. Dies ist das sogenannte **Rück-
seitenwetter,** das dem Inselgast herrliche Tage be-
schert, mit kristallener Luft, frischem Wind, „ho-
hem Himmel" und prachtvollen Wolkenformatio-
nen, und das als „typisch" für die Nordsee gilt. Mit
Glück schließt sich als nächstes satter **Hochdruck**

an, und damit sind die Badeferien dann endgültig gerettet.

Hoher Himmel

Was ist das eigentlich, dieser „hohe Himmel", der schon im Vorspann auftaucht und der von Nordseebarden immer wieder besungen wird?

Die **extrem klare Luft** an manchen Tagen scheint die Horizonte zusammenzurücken, weil weit entfernte Objekte wie Wolken noch auf der Erdtangente deutlich sichtbar sind. Das Firmament gleicht dann einer riesigen Glocke, auf der sich alle Einzelheiten transparent abheben – der hohe Himmel.

Durch diese Erscheinung ist es, als strahle das **Licht** von allen Seiten, die resultierenden prächtigen **Farben** zogen früher stets die Maler an. Heute sind es vor allem die Fotografen, die unter den glockenklaren Verhältnissen ihr Paradies finden.

**Sturm-
fluten**

Die Abfolge beim Anrücken eines Tiefs wurde weiter vorn in ihrer mildesten Form geschildert. Dass die Elemente gerade an der Nordsee schnell außer Rand und Band geraten, ist hinlänglich bekannt. Die großen Sturmfluten des voll Bitterkeit in „Mordsee" umgetauften deutschen Hausmeeres **entvölkerten ganze Küstenstriche –** wenn auch die in historischen Überlieferungen aufgeführten „Hunderttausende von Opfern" nach jüngeren Hochrechnungen nicht den Tatsachen entsprechen: So viele Menschen gab es an den Ufern der Nordsee damals gar nicht.

Vernichtend waren diese Naturkatastrophen dennoch, und sie sind deshalb in den Annalen der Küste respektvoll dokumentiert: Fluten kataklysmischen Ausmaßes in den Jahren 1164, 1219, 1287, 1334, 1362, 1509, 1511, 1651, 1717, 1825, 1906 und 1962. Man sieht an diesen **Jahreszahlen** bereits, dass kein System im Auftreten von Sturmfluten steckt: Manche liegen relativ dicht beieinander, dann wieder klaffen große Lücken. Im Durchschnitt trennen sie rund 77 Jahre, also ein reichlich bemessenes Menschenalter. Wir wollen hoffen, dass es dabei bleibt und dass nicht, wie manche Beobachter argwöhnen, diese Abstände immer kleiner werden. Der Meeresspiegel steigt, und selbst wenn er langsamer in die Höhe klettert als ursprünglich befürchtet, so können sich die Nordseeanrainer zusätzliche Megastürme weniger denn je leisten.

Die Nordsee

Hoher Nordseehimmel

**Wetter-
berichte**

Ein frischer Seewetterbericht samt dreitägiger Vorhersage hängt jeden Tag im **Schaukasten am Rat-
hauseingang** aus, und Genaues lässt sich ebenfalls bei der Wetterstation am Zeugplatz erfahren.
Wer's noch genauer wissen möchte, kann unter
der Vorwahl 0190 die folgenden **Servicenum-
mern** anrufen:

- 116404   Vorhersage für das Weser-Ems-Gebiet
           und Bremen
- 116462   Wochenwetter für Nordwestdeutschland
- 11602   Reisewetter für Nordwestdeutschland
- 115461   Vorhersage für Wetterfühlige
           (NW- Deutschland)
- 116040   Wassersportwetter (April-Oktober)
- 116920   Seewetterbericht
- 116960   Flugwetterbericht

- www.wetteronline.de ist ebenfalls für präzise Voraussa-
gen bekannt. Einfach im Fragekästchen „Langeoog" einge-
ben.

Schwere See

Die furchtbare Weihnachtsflut

Auch ohne das Wissen um letztendliche meteorologische Zusammenhänge war die Konstellation eingänglich südwestlicher **Winde mit Sturmstärke,** die dann auf West und später auf Nordwest drehen, schon immer von den Küsten- und Inselbewohnern gefürchtet. Diese fatale Sequenz begann auch am 23. Dezember 1717 und erreichte am Morgen des 25. einen buchstäblichen Höhepunkt. Der **Pegel der Nordsee** stand an diesem Schicksalstag mindestens 4½ m über Normalnull, und ein tobender NW-Orkan drückte diesen ungeheuren Wasserberg in die Deutsche Bucht wie in einen Trichter. An der ganzen Küste brachen die Deiche, die vorgelagerten Inseln mit Einschluss von Langeoog zerrissen zum Teil, und Tausende von Menschen ertranken. Im ostfriesischen Bereich wurden 2787 Tote gezählt. Die schreckliche Katastrophe ließ an der Nordseeküste ein **Chaos der Zerstörung und der Armut** zurück.

Doch das am Boden liegende Ostfriesland erhielt aus einer gänzlich unerwarteten Ecke **Hilfe,** was man heute angesichts eines latenten Misstrauens gegenüber allem Fremden eigentlich immer noch würdigen sollte. „Am meisten aber ist merkwürdig, dass sich grosses Mitleiden in Ober-Teutschland, insonderheit aus Sachsen, etliche summen freywilliger Allmosen in hiesiges Nothleidende Land eingeschickt worden und dadurch vielen Hunger- und Durst-Leidenden auch Nacket- und übelgekleideten Menschen Hülfe geschehen ist", notierte ein ostfriesischer Geistlicher verwundert. Diese Initiative ging vor allem von dem kursächsischen General *von Hallard* aus, einem Adligen – ausgerechnet – schottischer Abkunft, der sich als frommer Mensch bemüßigt fühlte, für „arme Prediger und andere högst bedürfftige Leut, so in dem gäntzlichen Ruin gesetzet Ein Christliche gehülffß steur zu samblen, dem armen Negsten alß glieder Christi, und glaubenß genoßen, in Etwaß Zu Soulagieren". Alles in allem ergab sich ein ansehnlicher Betrag, der insbesondere Pastoren und Schulmeistern zwecks Weiterverteilung zur Verfügung gestellt wurde. Den Sturmflutopfern Ostfrieslands kamen ebenfalls Spenden aus Hamburg, Württemberg und sogar aus den selbst schwer betroffenen Niederlanden zugute. Auch der Langeooger Pfarrer *Christian Böttcher* bekam von diesem frühen Soli sein Scherflein ab.

Doch **Langeoog** nützten die milden Gaben nichts mehr. Die Insel lag, wie später noch nachzulesen sein wird, verwüstet da und wurde letztlich sogar von allen Bewohnern verlassen.

Die Nordsee

Sturm und Wellen

Die Stärke des Windes und des durch ihn hervorgerufenen Seegangs misst man mittels der sogenannten **Beaufort-Skala.** Von den Skalenpunkten 0 bis 12 Bft hat man dieserart einen Begriff von den Verhältnissen auf See und kann sich auch von Angaben im Wetterbericht eine ganz gute Vorstellung machen.

Bft*	km/h	Wind	Zustand der See
0	<1	Stille	Spiegelglatt.
1	1–5	Leiser Zug	Leicht gekräuselt.
2	6–11	Schwache Brise	Kleine, kurze Wellen mit glasigen Kämmen.
3	12–19	Leichte Brise	Kämme beginnen zu brechen, mitunter treten kleine, weiße Schaumköpfe auf.
4	20–28	Mäßige Brise	Wellen werden länger und Schaumköpfe häufiger.
5	29–38	Frische Brise	Wellen mäßiger Höhe, aber schon von ausgeprägter langer Form. Überall weiße Schaumköpfe, vereinzelt etwas Gischt.
6	39–49	Starker Wind	Wellen bauen sich auf; Kämme brechen und hinterlassen größere weiße Schaumflächen; etwas Gischt.
7	50–61	Steifer Wind	Die See beginnt sich zu türmen. Der weiße Schaum der Brecher legt sich in Streifen zur Windrichtung.
8	62–74	Stürmischer Wind	Mäßig hohe Wellenberge mit langen Kämmen. Gischt beginnt abzuwehen und die Luft zu füllen. Ausgeprägte Schaumstreifen in Windrichtung.

Sturm auf der Nordsee

9	75–88	Sturm	Hohe, „rollende" Wellenberge mit dichten Schaumstreifen in Windrichtung. Beginnende Sichtbeeinträchtigung durch Gischt.
10	89–102	Schwerer Sturm	Sehr hohe Wellenberge mit langen, überbrechenden Kämmen. Schweres, stoßartiges Rollen der See. Sichtbeeinträchtigung durch Gischt.
11	103–117	Orkanartiger Sturm	Außergewöhnlich hohe Wellenberge. Durch Gischt herabgesetzte Sicht.
12	118–133	Orkan	Luft mit Schaum und Gischt angefüllt. See völlig weiß. Jede Fernsicht ausgeschlossen

*) Beaufort-Skala

Die Nordsee

015ia Foto: rh

Blitz
und
Donner

Zu Gewittern kann es **zu jeder Jahreszeit** kommen, auch im Winter. Man unterscheidet zwischen Wärmegewittern, die mit typischer sommerlicher Schwüle einhergehen, und solchen, die durch die heftigen vertikalen Luftströmungen in Kaltfronten verursacht werden.

Wenn eine schwarze, grummelnde „Böenwalze", so der meteorologische Begriff, auf einen zurollt, sollte man sich schnellstens **in Sicherheit bringen.** Sicherheit bedeutet in diesem Falle das Verlassen flachen Geländes, vor allem des Strandes, wo ein Mensch zumeist die einzige Erhebung und somit einen erstklassigen Blitzableiter darstellt. Man suche Schutz in Gebäuden (nicht in

© foka Foto: rh

Strandkörben); im freien Dünengelände kauere man sich in eine Mulde. Von Pferden und Fahrrädern absteigen!

Im Sommer 1996 wurde eine Frau am Hauptstrand von Langeoog **vom Blitz getroffen.** Sie „dampfte" förmlich nach dem Einschlag, erzählt man sich heute schaudernd. Dennoch gelang es, weil Retter gleich zur Stelle waren, das Opfer wiederzubeleben. Ein Blitztreffer kann zu Atemlähmung und, wegen des gewaltigen elektromagnetischen Impulses, zu kardialem Vorhofflimmern und anschließendem Herzstillstand führen. Durch künstliche Beatmung (Mund zu Mund) kann die Lungenfunktion und mittels Massage die Herztätigkeit wieder hergestellt, so kann das Opfer unter Umständen ohne Schäden über die Runden gebracht werden. (Ein vom Blitz getroffener Mensch ist übrigens nicht „elektrisch aufgeladen" und kann ohne weiteres berührt werden.) Atemspende und Herzmassage müssen jedoch möglichst umgehend verabreicht werden; schnellste Aktion ist überlebenswichtig!

Die Nordsee

Ein Gewitter zieht heran

Im Packeis vor Langeoog

An der Nordsee kann es nicht nur stürmen, regnen und blitzen; es kann auch verflixt kalt werden. Das Schicksal des im März 1942 vor Langeoog in Eisnot geratenen und letztlich gesunkenen Lotsendampfers *„Rüstringen"* ist ein beredtes Beispiel für gelegentliche arktische Verhältnisse. Außerdem gibt die Beschreibung dieses tragischen Schiffbruchs eine bedrückende Lektüre ab. Man erhält dieserart eine Vorstellung davon, wie schnell sich auch unter ganz „normal" erscheinenden Bedingungen eine **Katastrophe** einzustellen vermag ...

Am 4. März läuft das Schiff aus Wilhelmshaven aus, um nördlich von Wangerooge auf Position zu gehen. Auf der Jade herrscht schwerer Eisgang, draußen ist es etwas lichter. Die Rüstringen wirft den Anker. Die Nacht vergeht stockdunkel (alle Leuchtfeuer sind gelöscht) und ereignislos.

Morgens um 6 wird Grundberührung gemeldet. Die Ankerkette ist gebrochen und das Schiff unbemerkt ins Treiben geraten. Als der Morgendunst aufreisst, tritt der Langeooger Wasserturm zutage. Die Rüstringen liegt genau nördlich von ihm in 6 m Wasser bombenfest auf Grund. Überall dehnt sich Eis, ein Schneesturm weht mit Stärke 8–10 aus Ost, die Luft ist minus 15 Grad kalt. Der Kapitän lässt SOS funken. Dann fällt der Strom aus.

Auf Langeoog bemüht man sich, ein Rettungsboot zu Wasser zu lassen, aber das Eis macht alle Bemühungen zunichte. Hilfe naht jedoch von der Seeseite. Das Minensuchboot *„M 225"* und das Vorpostenboot *„2001"* steuern den Havaristen an. Der „M-Bock" setzt eine Jolle aus; sie kentert in der schweren See. Die „2001" pickt die Schiffbrüchigen

Die Nordsee

O20la Foto: rh

auf, doch ein Matrose ertrinkt. Wenig später sitzt auch
dieses Schiff auf Grund und schlägt leck.

Die Rüstringen versinkt indessen immer tiefer im
Mahlsand. Eisige Brecher schlagen die Aufbauten über
Bord, 16 Besatzungsmitglieder kommen dabei ums Leben. Die verbliebenen vier Männer klettern in den wan-
kenden Schornstein des Schiffes. Mehrere Rettungsfahr-
zeuge versuchen an das Wrack heranzukommen. Vergeblich.

Am Abend des 5.3. erreicht das Langeooger Rettungsboot „Reichspost" die gestrandete „2001" und birgt –
gegen wütende Proteste des Kommandanten, der die
Aktion für unnötig hält – zwölf Männer. Nach einer elen-
den Odyssee durch die Eiswüste gelangt das Boot mitten in der Nacht in Baltrum an. Die Insassen müssen
über das Eis an den Strand kriechen; das Boot wird auf-
gegeben.

Die „M 225" rettet am Folgetag ohne viel Federlesens
die restliche Besatzung des Vorpostenbootes und die
Überlebenden der Rüstringen. Einer dieser vier stirbt
zwei Tage später an seinen Erfrierungen. Eisopfer insgesamt: 18. Ein harter Winter!

Arktische Verhältnisse

Eiswinter 1942

Meer und Ökologie

Noten fürs Wasser

Wie sauber ist die Nordsee? Im jährlichen europaweiten **Vergleichstest des ADAC** landet das deutsche Hausmeer immer wieder auf den ersten Plätzen. (Spitzenreiter ist gewöhnlich Griechenland mit seiner blitzblauen Ägäis.) Die meisten Nordseebäder, darunter auch Langeoog, erhalten durchweg das Prädikat „Wasserqualität sehr gut". Diese Note gibt es, wie es scheint, prinzipiell alle Jahre wieder. Also alles paletti. Wir wussten's doch. Das Getrommel von der „verdreckten Nordsee" war nur Panikmache. Die ADAC-Tests beschränken sich allerdings auf das Vorhandensein schädlicher Kolibakterien durch fäkale Abwässer.

Schlimmere Verschmutzungen

Sogenannte „Belastungen" durch Industrie und Landwirtschaft lassen die ADAC-Tests außen vor. Unerwähnt bleibt in diesem Fall auch ganz gewiss, dass allein 20.000 Jahrestonnen – eine Tankerladung! – unverbrannter **Motorentreibstoffe** in die Nordsee abregnen, die mit 0,002 Prozent des Weltmeervolumens im globalen Maßstab einen winzigen Tümpel darstellt.

Weitere 10.000 Tonnen fließen (trotz seit 1998 – endlich – bestehender strikter Verbote) aus Schiffsbunkern in diese Auffangwanne. Sogenanntes **Bunker-C-Öl,** möglicherweise mit hochgiftiger „Sonder"-Chemie angereichert, trägt zu 90 Prozent zur Verschmutzung deutscher Strände bei. Eine perfekte Kontrolle ist nicht machbar.

Auch **Schiffbrüche** wird es wie zu *Störtebekers* Zeiten weiterhin geben. Doch damals trieben nur ein paar Planken an den Strand, heute ist es ätzendes Öl. Die Strandung der *„Pallas"* vor Amrum im November 1998 war eine solche Tragödie. (Zumindest raffte man sich nach dem Debakel aber politisch dazu auf, zukünftig nach Verantwortlichen zu suchen. Wie immer muss das Kind dafür erst in den Brunnen gefallen sein.) Andere Tragödien werden folgen. Die Unberechenbarkeit der Elemente und menschliche Unzulänglichkeit machen es möglich, nach wie vor.

Was klebrig an den Strand schwappt, sind **sichtbare „Eintragungen"** – so das hübsche Neudeutsch für massive Verschmutzungen –, denen man als Badegast notfalls aus dem Wege gehen kann, auch wenn sie die Ferien am Meer versauen. Sie sind schlimm genug, denn sie bedeuten für große Segmente der Nordseefauna und -flora den sicheren Tod.

Schlimmer noch indes sind jene Stoffe, die still und heimlich ihr Endlager in der Nordsee finden und dort Schäden anrichten, die sich auch von Experten nicht überblicken lassen und die deshalb als „unermesslich" zu bezeichnen sind. Die etwa 100 Millionen Autos, die die Nordsee weiträumig umkurven, lassen nicht nur Öl, sondern auch **Stickstoff** abregnen. Die Deutsche Bucht erhält solcherart jährlich 20 Kilo dieses Kunstdüngers – pro Hektar! Das ist fast soviel, wie ein Bauer in den fünfziger Jahren auf seine Scholle streute. Dazu gesellen sich einige hunderttausend Tonnen aus den Flüssen. Die permanente Überdüngung unseres Tümpels zieht großflächige ökologische Schäden nach sich, die noch der Bezifferung harren.

Am schlimmsten indes sind Substanzen, die erst durch Akkumulation ihr gefährliches Potenzial entfalten: **Schwermetalle und chemische Gifte.** Unter ihnen befinden sich diverse in der Neuzeit entwickelte Stoffe, gegen die das organische Leben nie Resistenzen aufzubauen im Stande war und von denen man nicht einmal weiß, was sie alles anzurichten vermögen. (Von polychlorierten Biphenylen weiß man es teilweise. Ihnen ist u. a. anzulasten, dass Eisbären in der norwegischen Arktis sowohl mit weiblichen als auch männlichen Geschlechtsorganen geboren werden.) Manchen Menschen mag das, auf die eigene Spezies übertragen, vielleicht ganz gut gefallen. Der Mehrheit der deutschen Bevölkerung aber offenbar nicht.

Dass die „Grünen" weiterhin ansehnliche Wahlergebnisse zu verzeichnen haben, stellt unter Beweis, was sie von polychlorierten Biphenylen hält. Es steht zu hoffen, dass Schrecken erregende Stoffe dieser Kategorie – zumindest in der Nordsee – daraufhin deutlich weniger werden.

Fragen und Antworten

Über zahlreiche **Sachverhalte am Meeresstrand** herrschen Unwissen und Missverständnisse vor. Vielfach stecken hinter den vorhandenen, breit gestreuten Informationen auch wirtschaftliche Interessen, und sie sind deshalb zu „Desinformationen" geworden: „Unwahrheiten" zu deutsch. Nicht nur wird massiv schöngefärbt. Es wird auch kräftig und dauerhaft schwarzgemalt, wobei man vor schrillen Tönen und grotesken Übertreibungen nicht zurückschreckt. Alles mit System. Je dicker es kommt, desto mehr stumpft die Öffentlichkeit ab. „Ich kann's nicht mehr hören!" – Dieserart wird man blind und taub gegenüber den wirklichen Problemen der Umwelt.

Gehen wir doch einmal ein paar der am häufigsten gestellten **Fragen** durch ...

● Haben **„Treibhauseffekt" und „Ozonloch"** etwas miteinander zu tun?

Ja. Aber nur insofern, als beide weitgehend menschengemacht sind. Das „Treibhausgas" CO_2 entsteht in riesigen Mengen bei der Verbrennung fossiler Treibstoffe; zu etwa einem Fünftel ist der Autoverkehr daran beteiligt. FCKW – fluorchlorierte Kohlenwasserstoffe – sind großenteils für das „Zerfressen" der erdumspannenden Ozonschicht verantwortlich; sie werden zunehmend aus dem Verkehr gezogen.

● Gibt es **über der Nordsee ein Ozonloch?**

Nein. Der Definition nach kann erst von einem

solchen die Rede sein, wenn der Ozonschild zu mehr als der Hälfte zerstört ist. Das ist über der Nordsee nicht der Fall.

● Stimmt es, dass die **UV-Strahlung** auch außerhalb der „Ozonlöcher" stärker als je zuvor ist?

Ja. Der Ozonschild ist weltweit schwer beeinträchtigt worden. In den letzten 50 Jahren hat sich deshalb (und weil Braun zur Modefarbe geworden ist) die Hautkrebsinzidenz in den von Weißen bewohnten Ländern verzehnfacht. Auch im Nordseebereich hat die UV-Strahlung stark an Intensität gewonnen.

● Ist **Hautkrebs heilbar?**

Ja. Bei Früherkennung und -behandlung sind die Heilungschancen gut.

● Tragen **Sonnenschutzmittel** zur Vermeidung von Hautkrebs bei?

Jein. Durch UV-Strahlung hervorgerufene Schäden in den unteren Hautschichten sind im Allgemeinen die Basis für seine Entstehung; Sonnenbrände können seinen Wuchs begünstigen oder beschleunigen. UV-blockierende Mittel beugen dieser Entwicklung vor. Hautkrebs kann aber auch ohne vorhergehenden Sonnenbrand entstehen. Fachleute warnen, dass die falsche Sicherheit durch UV-Blocker Sonnenfreunde sogar dazu verleitet, sich länger als ratsam der Strahlung auszusetzen und sie sich dieserart ein erhöhtes Krebsrisiko aufzuladen.

● Ist es richtig, dass Sonnenlicht andererseits vor **Brust- und Dickdarmkrebs** bewahren kann?

Ja. Es scheint zumindest so. In typischen Sonnenregionen sind diese Krankheiten fast unbekannt, und in manchen Ländern existiert ein ausgeprägtes Nord-Süd-Gefälle. Die durch Sonnenlicht angeregte körpereigene Produktion von Vitamin D mag damit zu tun haben.

● Gibt es andere **Möglichkeiten, sich gegen die Strahlung zu schützen?**

Ja. Ein Sonnenschirm oder breitrandiger Hut wirken Wunder.

- Lässt sich auch **beim Baden etwas gegen Sonnenbrand tun?**

Ja. Einfach ein T-Shirt überziehen.

- Kann man **im Schatten ebenfalls braun werden?**

Ja. Die sogenannte Streustrahlung ist im Nordseebereich besonders intensiv. Sie bewirkt, dass eine (sanfte) Bräunung auch im Schatten und unter einer geschlossenen Wolkendecke zu Stande kommt.

- Gibt **Sonnenschein der Sexualität** einen „Kick"?

Ja. Alle Körpersysteme werden durch die UV-Strahlung angeregt. Eine dieserart erhöhte Hormonproduktion führt zu zunehmender Appetit-, Energie- und Libidoentfaltung. Über einige Umwege erfährt die letztere sogar zusätzliche Anstöße.

- Macht **ein Schluck Nordseewasser krank?**

Nein. Die in ihm enthaltenen industriellen Schadstoffe sind zu dünn verteilt, um auf diesem Wege Schaden anzurichten. Man müsste schon sehr große Mengen Seewasser trinken oder ihm permanent ausgesetzt sein, um dieserart krank zu werden.

- Ist das Wasser, das einem beim Baden immer in die Nase gerät, schädlich?

Nein. Im Gegenteil. Spülungen der Nasenhöhlen mit Seewasser gelten als bestes Mittel gegen Schnupfen und generelle Austrocknungssyndrome der Schleimhäute.

- Stammt das Meerwasser der überall angebotenen **„Trinkkuren"** aus der Nordsee?

Nein. Es handelt sich nach Angaben der Anbieter um Tiefenwasser aus dem Atlantischen Ozean.

- Besonders **bei Ebbe erscheint das Nordseewasser sehr unsauber.** Handelt es sich dabei um Abwässer oder industriellen Dreck?

Nein. Überwiegend sind es Schlickpartikel, die von der Strömung aufgewirbelt werden und das Wasser bräunlich verfärben. Man kann hier von keiner Verschmutzung im ökologischen Sinn sprechen. Im Gegenteil: Die schlickige „Urbrühe" ist

Die Nordsee

sogar ein gesunder Born vielseitigen organischen Lebens; ohne sie gäbe es die reiche Meeresfauna und -flora der Nordsee nicht. Und noch mehr: Wissenschaftler vermuten ein Reservoir zahlreicher Wirkstoffe für neue Medikamente im Wattenschlick. Entsprechende Forschungen sind bereits im Gang. (Und die Abbaumaschinen werden dann wohl nicht lange auf sich warten lassen.)

● Ist es wahr, dass **Seewasser gut für die Zahngesundheit** ist?

Ja. Aber nur indirekt. Das Salz des Seewassers tötet schädliche Bakterien im Mundraum ab und schützt dieserart die Zähne. Man sehe sich einmal Bilder tropischer Schwimmer und Taucher an: Sie besitzen wegen des ständigen Kontakts mit dem Seewasser ausgezeichnete Beißwerkzeuge.

Sauber oder dreckig?

● Gibt es einen bestimmten Grund, warum man sich **am Brandungssaum so gut drauf fühlt?**

Ja. In diesem Bereich sind sogenannte negative Ionen besonders häufig, die dem Menschen ein ausgesprochenes Hochgefühl vermitteln. Positive Ionen herrschen dagegen in umbauten Räumen und im Dunstkreis von Maschinen vor. Sie führen zu Kopfschmerzen, Kreislauf-, Schlaf- und anderen Störungen sowie im Extremfall zu „Stresskrankheiten". Ganz sicher sind sich die Wissenschaftler allerdings nicht beim Thema Ionen; manche halten das Ganze für einen Mythos.

● Profitieren **Allergiker** vom „gesunden Reizklima" der Nordsee?

Ja. In Deutschland gibt es schätzungsweise 15 Millionen von ihnen: Ein Beweis, dass mit unserem atmosphärischen Mix und wahrscheinlich mit unserer ganzen Lebensart etwas nicht stimmt. Die reine Luft an der Nordsee mit ihrem geringen Schadstoff- und hohen Salzgehalt schafft Linderung für viele dieser Problematik zuzuordnende Gebresten.

● Gibt es spezifisch für Inseln wie Langeoog **weitere Heilanzeigen?**

Ja. Ein Inselaufenthalt wird empfohlen bei chronischen Erkrankungen der Nasennebenhöhlen, chronischer Bronchitis und anderen Bronchienleiden, Haut- und einigen Kinderkrankheiten sowie allgemeiner Körper- und Leistungsschwäche.

● Kann man sich im „gesunden Reizklima" der Nordsee auch **erkälten?**

Ja. Insbesondere Kinder neigen dazu, sich in den ersten Tagen an der See eine Erkältung aufzusacken. Dies ist jedoch völlig normal; die Nasen laufen dann etwa eine Woche. Danach erfolgt in der Regel alsbald Besserung, Gewöhnung, Abhärtung und gutes Allgemeinbefinden.

Die Nordsee

Insulaner und Fremde

Gewitztheit Als mich meine hochbejahrte Langeooger **Pensionswirtin** zuvorkommend fragte, „ob ich gerne Brötchen zum Frühstück haben wolle", schaltete ich als erfahrungsgehärteter Globetrotter sogleich auf „Vorsicht, Falle!", denn Frühstück war im Preis gar nicht inbegriffen. Deshalb sagte ich „Nein, danke!", und die Oma bemühte sich zum Nebentisch weiter und stellte dort dieselbe Frage. Meine Nachbarn bejahten sie freudig. „Dann bringen Sie mir morgen früh doch welche aus der Bäckerei mit", ordnete die alte Dame an und ihre Stimme ließ keinen Widerspruch zu. Die guten Leute saßen verdattert da, und ich grinste mir eins. Natürlich hätte ich der lieben Frau gern den Dienst erwiesen ...

Verschlossenheit „Der Charakter der Bewohner ist ernst. Verschlossen gegen jeden Fremden ist ihnen die Badezeit die unverdaulichste des ganzen Jahres, und froh atmen sie auf, sobald die letzten Gäste verschwinden, wenn auch andererseits diese wegen des lohnenden Erwerbs, den sie bringen, gern gesehen sind." So beschreibt ein *W. Lülling* in „Ostfriesland und seine Bewohner" die Insulaner. Aber entspricht diese dumpfbackige Darstellung auch den Tatsachen?

Wahr ist zweifellos, dass jene Zeitalter, die *Beethoven* und *Mozart, Schiller* und *Goethe, Rubens* und *Rembrandt* hervorbrachten, spurlos im „Bullern" (Nordseehymne) der Deutschen Bucht unter- und am Bewusstsein der Insulaner vorbeigingen. Auf den Nordseeinseln hatte der elementare **Kampf ums tägliche Überleben** stets Vorrang gegenüber allem Schönen und Geistigen, und die Verluste, die dabei zu tragen waren, gebaren womöglich den düsteren **Fatalismus,** auf den Lülling sich beruft. „Nun ja, da müssen wir eben unseren eigenen Tod sterben", sagt ein Oldtimer auf die Frage eines frühen Kurgastes, ob es nicht riskant sei, ohne ärztliche Betreuung auf der Insel zu leben.

Doch darüber hinaus erweckten die Langeooger nie den Eindruck, ihren Besuchern gegenüber abwehrend oder gar feindselig eingestellt zu sein. Zwar dauerte es offenbar immer **einige Zeit, bis sie mit ihren Gästen warm wurden.** Doch dann tauten sie um so rascher auf. 1850 schrieb ein scharfer Beobachter, der später mit dem Nobelpreis für Literatur ausgezeichnete Auricher *Rudolf Eucken:* „Das Verhältnis zu den einzelnen sehr wenig zahlreichen Kurgästen war ein enges, ja freundschaftliches. Man erzählte sich von seinen kleinen Freuden und Leiden und fühlte sich ganz aufeinander angewiesen ..." Das wird sich seither im Zeichen von 1,4 Millionen jährlichen Übernachtungen etwas geändert haben.

Schalk   Die Gewitztheit der Langeooger, wie die agile Oma bezeugt, hat jedoch auch im Zeitalter des Neureichtums keinen wesentlichen Abbruch erfahren. Sie haben den Schalk im Nacken und ziehen ihre Gäste gern schon mal durch den Kakao. Falls Sie am **1. April** auf der Insel weilen sollten: Vorsicht! Dann werden besonders gern Scherzchen gemacht. So kursierte vor ein paar Jahren die Mär von einem „U-Bahn-Anschluss" durch die Gemeinde, und im April 1998 wurde mit großem Trara ein Rockkonzert der Rolling Stones zu Silvester 1999 angekündigt. Im Pirola-Dünental fände die Sause statt, ausschließlich „ökologisch einwandfreies" Liedgut würde geklampft, und Mick Jagger wolle eigens eine Langeoog-Hymne komponieren ...

Argwohn   Nur beim **Geld** hört der Spaß auf. Als ich eine als Ulknudel bekannte Lokalgröße für ein Interview aufsuchte, legte dieser Mann einen derartigen Argwohn an den Tag, ich könnte ihm etwas – „Versicherungen?" – verkaufen wollen, dass er in seiner verbohrten Paranoia fast schon wieder komisch wurde.

Buchhandlung Schaten KG
Müllener Strasse 23 - 48691 Vreden
Tel. 02564-34633 Fax 02564 96661
vreden@novabuch.de
www.novabuch.de
2 4 h - o n l i n e s h o p

R E C H N U N G

Ihre Kundennummer : 1195
Herrn
Ludwig Pazek
Rentmeisterskamp 32
48691 Vreden

Hanewald, Roland
Reise Know-How Langeoog
978 3 8317 2256 7   9,90   1

             Total: 1   [9,90 EUR]

             Bar: €   9,90 EUR

             Zurück: 0,00 EUR

Betrag enthält 0,65 EUR MWSt.
1: 7,00% =   0,65
Steuernummer : 301/5746/0508
USt-IdNr.: DE123782991
10.04.2015 18:04:31 3-1-1473

        Vielen Dank für Ihren Einkauf!
        Umtausch nur mit Kassenbon.

Streitlust Außerdem scheinen die Insulaner, wenn man ihre Geschichte einmal aufmerksam verfolgt, ein recht streitlustiger Haufen zu sein. Immer, auch schon viele Jahre zurück, gab es **Krach um irgendetwas,** meistens Kleinkram. Sollten Inselkoller und Hüttenfieber daran schuld gewesen sein? Oder waren sie ganz einfach „Wilde", wie manche Beobachter nur dünn verhohlen andeuten?

Nach der Neubesiedlung Langeoogs im 18. Jh. gelangte der Osten der Insel zu relativem Wohlstand, während der Westen weit ärmer blieb. Das hatte eine von bitterem Neid genährte **Dauerfehde zwischen den Bewohnern des Ostens und des Westens** zur Folge, die immer wieder zu – nichtigen – Klagen Anlass gab.

In der zweiten Hälfte des 18. Jhs. musste sich der Pächter des Langeooger Ostendes gegen den Vorwurf der Inselwestler wehren, er habe Flaaken (hölzerne Seezeichen) gestohlen und verfeuert, und ein peinliches Verhör folgte. Der Beschuldigte erklärte, die Kläger wollten ihn lediglich anschwärzen, weil er sie beim Wildern ertappt hatte. Der Ossi war aber auch wohl ein recht ungenießbarer Typ. Als ein Plan aufkam, einen weiteren Pächter in der Inselmitte (bei der heutigen Jugendherberge) anzusiedeln, winkten Langeoog-Kenner ab: Das hätte nur einen endlosen Kleinkrieg mit dem Mann zur Folge. Das Vorhaben wurde deshalb abgeblasen.

Man darf ebenfalls annehmen, dass es reine Bosheit war, die **Tjark Otten Leuß** dazu brachte, Mitte des 19. Jahrhunderts sein Wissen um das Versteck eines großen, während der Franzosenzeit durch Schmuggel angehäuften Goldschatzes mit ins Grab zu nehmen. Vielleicht liegt der Mammon noch irgendwo auf der Insel verbuddelt – Schaufel nicht vergessen, Leute!

Der **Lehrer Tongers und der Pastor Thalheim** lagen sich ab 1887 permanent in den Haaren. Der Kleinkrieg endete damit, dass die beiden Giftpilze im Folgejahr die Insel verließen. (Mehr noch später zu den Pastoren und ihrem gespannten Verhältnis gegenüber den Insulanern.)

Wochenlang balgte man sich 1892 um das **Amt des Ortsvorstehers.** Zwei Wahlgänge wurden wegen „Trunksucht" bzw. „freiheitlicher Gesinnung" vom Kreis für ungültig erklärt.

Anno 1909 kriegten sich **Johann Adam Pauls und J. D. Wolffs** gewaltig in die Wolle. Man entschied sich nach Friesenart für einen Zweikampf im Klootschießen (Weitwurf mit schweren Holzkugeln), der auch mit größter Erbitterung ausgetragen wurde. Er endete mit einem Unentschieden. Danach vertrugen sich der 80-jährige Pauls und der 73-jährige Wolffs wieder.

1917 stellte **Johann Wilhelm Leiß,** patzig wegen Differenzen über eine Tariferhöhung, den Fährverkehr mit seinem Motorsegler „Curator" kurzerhand für fünf Monate ein. Auf einer Postkarte aus der damaligen Zeit sieht man den bärtigen Schipper mit Wurzelseppzügen selbstgefällig in seinen Piepenkopp schmunzeln. Er würde es „den anderen" schon zeigen!

1973 konnte ein wochenlanger **Konflikt zwischen dem evangelischen und katholischen Pfarrer** erst nach Intervention einer übergeordneten Stelle in Aurich beigelegt werden.

Und so geht es weiter, und so geht es fort. **Störrisch** wie die Maulesel und dickköppig, wie, nun, Ostfriesen mal sind. Also – ich weiß nicht, wie Sie darüber denken mögen, verehrter Leser, geneigte Leserin. Aber *ich* finde dieses Völkchen überaus originell und erheiternd. Die Ostfriesen sollten eigentlich nicht der Gegenstand von Witzen sein, sie sollten selbst welche machen.

Aber das tun sie ja auch. Wir kommen noch darauf zurück.

Mein Lieblings-Ostfriesenwitz

Frage:
Wie bringt man die Ostfriesen zum Bellen?
Antwort:
Indem man sich in der Mitte eines ostfriesischen Dorfes oder einer Stadt postiert und laut und deutlich ausruft: „Es gibt Freibier!" Darauf schallt es von allen Seiten: „Wou? Wou? Wou?"

Hochdeutsch und Plattdeutsch

„Moin, Moin"

Es hat sich entgegen meinen hoffnungsvollsten Erwartungen noch lange nicht herumgesprochen. Weiterhin starren einen Inselgäste verständnislos, ja wütend an, wenn man sie außerhalb der Morgenstunden mit „Moin, moin" begrüßt. Sie **fühlen sich verschaukelt,** und sie erkennen keine Pointe darin, dass man sie, wie sie vermeinen, dadurch zum besten hält, indem man sie am späten Abend mit einem „Guten Morgen" anmacht. Manche quälen sich als Antwort einen „Guten Tag" ab und ziehen kopfschüttelnd weiter.

In der Tat sagt man „Moin", einfach oder doppelt, an der ganzen Nordseeküste, und das zu jeder Tageszeit. Der Gruß hat auch gar nichts mit dem Morgen zu tun, wie die Verständnislosen mutmaßen. Das niederdeutsche (und -ländische) **Wort mooi** liegt ihm nämlich zugrunde. Es bedeutet „gut" oder „schön", und man wünscht mit ihm „alles Gute". Das ist doch *mooi,* oder nicht? Statt sauer das Gesicht zu verziehen, grüßt man genauso zurück – was überhaupt, auch unter Fremden, an der Küste ganz üblich ist.

Eigenständiges Platt

Das an unseren Meeresgestaden gesprochene „Platt" unterscheidet sich wahrhaftig ganz erheblich vom Hochdeutschen. Es ist eine eigenständige Sprache, in der man, wenn man sich bemüht, natürlich **hochdeutsche Elemente** entdeckt, die aber manches Vokabular aufweisen, welches von allem Bekannten stark abweicht. Höchstens eine **Verwandtschaft mit dem Niederländischen** lässt sich für Sprachfreaks ab und zu heraushören, obwohl Platt weitaus weniger krachmandelig klingt.

Nehmen wir als **Beispiel** mal an, Sie treffen einen Einheimischen, sagen auch artig „Moin", und stellen eine langatmige Frage. Vielleicht raunzt er dann, rau, aber herzlich: *„Mok gau, ik hebb dat drok!"* Können Sie damit (sofern Sie nicht selbst Küstenmensch sind) etwas anfangen? Kaum, nicht wahr? Es heißt: „Mach schnell, ich hab's eilig!" (Man duzt sich auch bevorzugt im Plattdeutschen).

Platt erlernen

Wer die exotische Küstensprache indes ernsthaft pauken möchte, dem sei ein **Büchlein** aus der „Kauderwelsch"-Reihe dieses Verlages dafür empfohlen: Siehe unter „Literaturhinweise". Außerdem gibts plattdeutsche Programme bei **Radio Bremen** und sogar einen **Asterix-Band** „up Platt".

Essen und Trinken

Essen

Fisch

Dass man auf einer Insel wie Langeoog Fisch und nichts als Fisch isst, wurde schon in frühen Reisebeschreibungen gemutmaßt. (Ein Autor verstieg sich sogar zu der Theorie, dass die Insulaner den Strand nach vergammelten toten Fischen absuchten.) Die **reine Fischdiät** gab es nie, auch heute ist die Suche nach ihr vergeblich. Weder Fisch noch Kutter reichen dafür aus. Allein den Nachschub für die bis zu 12.000 Menschen anzulanden, die sich an einem schönen Sommertag auf der Insel drängen, würde die Fangkapazität der deutschen Fischereiflotte weit übersteigen.

Leckeres aus der Nordsee finden Fischfans aber zur Genüge. Eine Sushi-Bar gibt es auf Langeoog

Die Nordsee

zwar leider, leider nicht (vielleicht greift mal jemand den Gedanken auf). **Frischer Fisch** ist jedoch reichlich in Spezialgeschäften (siehe „Gastronomie/Imbisse") vertreten. Guten **Räucherfisch** (Makrelen, Bücklinge) erhält man das ganze Jahr über.

Die Verfügbarkeit mancher **Fischarten** ist saisonabhängig. Der Mai ist vor allem für seine vorzüglichen Schollen bekannt. Im Juni gibts die besten Matjes – junge, in einer Salzlake präparierte

Einlaufender Fischkutter

Heringe. Sie gelten als eine der größten Delikatessen unseres Nordmeeres, obwohl ihnen die Granat den Rang vielleicht streitig machen.

Granat

Diese **köstlichen kleinen Krabben** werden schon an Bord der Kutter in Seewasser gekocht, nur puhlen (schälen) muss man sie selber: Auswickeln, aufessen, fertig. Man kann Granat auch geschält kaufen, nur sind sie dann furchtbar teuer. Das Schälen wird aus Kostengründen in Ländern wie Polen und Algerien vorgenommen, und die gefrosteten Krabbeltiere unternehmen dafür lange Reisen. Granat gibt es vor allem in den Sommermonaten.

Muscheln

Im Winter kommen **Miesmuscheln** auf den Tresen. Man sollte diese (gar nicht miesen) Mollusken nur in Monaten mit einem „R" essen. Außerhalb davon bestehen aus biologischen Gründen (Algengiftstoffe) Bedenken gegen den Verzehr. Exzellent sind (erst seit einiger Zeit) die Langeooger Austern.

02.la Foto: rh

Ansonsten ernährt man sich auf Langeoog zumeist wie überall auf dem Festland: Mittels der guten deutschen „Plumpsküche" *(Wolfram Siebeck)*. Eine ausgesprochen „friesische Küche", auf die mitunter lobend hingewiesen wird, gibt es im gastronomischen Sinn gar nicht.

Trinken

Tee als Alk-Ersatz

Und was trinkt „man" auf der Insel? Man trinkt Tee. Diese exotische Labe wurde im 18. Jahrhundert in Ostfriesland eingeführt, um den Eingeborenen eine Alternative zum bösen Alk zu bieten, dem sie viel und freudig zusprachen. **Betreiber der Neuerung** waren die Pastoren, die mit den wüsten Trinksitten ein für alle Mal aufräumen wollten. Sie hatten, vielleicht von ihnen selbst nicht erwartet, auf Anhieb Erfolg mit ihrem Tee.

Das neue Getränk ging in den Haushalten Ostfrieslands auf einen wahren **Siegeszug** und verdrängte erfolgreich – zu einem gewissen Grad zumindest – die „harten" Sachen. (Besonders Freibier, siehe oben, mögen die Ostfriesen aber immer noch sehr gerne.) Schon bald konnte man in Bezug auf Tee von einem regelrechten **Suchtverhalten** sprechen, und das ist es bis in die Neuzeit geblieben. Heute lässt man sich in Ostfriesland bis zu sechsmal am Tag zu einer Teepause nieder und zelebriert nach Ansicht von Fachleuten damit einen recht gesunden Brauch. Tee enthält nämlich diverse Wirkstoffe, die gut für Zähne, Nerven und möglicherweise sogar prophylaktisch gegen Krebs wirksam sind. Falsch kann man also mit häufigem Teetrinken kaum etwas machen – zumindest solange nicht, wie der Tee aus ökologischem Anbau stammt.

Wasser für den Tee

Um Tee „richtig" zu bereiten, verwendet man dazu, sofern verfügbar, reines **Regenwasser.** Auf Langeoog war diese Rezeptur stets geboten, denn mit dem **Brunnen- und Leitungswasser** stand es nicht immer zum besten. Der damit bereitete Tee dürfte eine arge Plörre gewesen sein, die, wie *Heinrich Heine* im unfernen Norderney freudlos notiert hatte, „sich von gekochtem Seewasser nur durch den Namen unterscheidet". Erst die Fertigstellung des Langeooger Wasserturms im Jahre 1909 sorgte auf der Insel für eine verlässliche Versorgung mit dem reinen Stoff.

Wegen der immer mehr werdenden Touristen gab es ab 1988 jedoch wieder Qualitätsprobleme mit dem Trinkwasser, die durch **Chlorierung** ausgeglichen werden mussten. Langeoogs Nass kommt nämlich – wie bei einigen anderen Inseln – nicht per Pipeline vom Festland, sondern entstammt einer lokalen Süßwasserlinse, die durch versickerndes Regenwasser gespeist wird. Dieser Stoff schwimmt wiederum auf einem Salzwasser-Reservoir höheren spezifischen Gewichts. Alles in allem ist dies mithin, wie man sich vorstellen kann, ein ziemlich sensibles System. Das Trinkwasser wird zum größten Teil dem Pirolatal im Inselnorden entnommen, welches sehr nahe an der See liegt, nur von einer Randdüne getrennt. Hier hatte es schon in der nahen Vergangenheit erhebliche Schäden durch Sturmfluten gegeben, die die **Trinkwasserversorgung** zunehmend gefährdeten. Um hier Sicherheit zu schaffen, häuft man immer mal wieder einen künstlichen Dünenwall an, und deshalb sind in diesem Bereich der „autofreien" Insel Langeoog mitunter große Kipplaster und Raupenbagger zu sehen. Erneute Sturmflutschäden werden weitere Maßnahmen nötig machen; deshalb dürfte es im Pirolatal auch in Zukunft manchmal wieder brummen und röhren.

Das geförderte Nass wird in einem neuen Wasserwerk mit modernster Technik aufbereitet und ist von solch einwandfreier Qualität, dass man unbesorgt seinen Tee – und was immer sonst – damit brühen kann ...

Tee-zeremonie

Die Teebereitung hat nach rechter Ostfriesenart sehr feierlich zu geschehen. Klar, dass man das Zeremoniell nicht mit einem schnöden Teebeutel und einer Billigmarke entweiht – man nehme **Blatt-Tee von den besten Sorten.** Die Einheimischen kennen sich aus damit. Die echte „Ostfriesische Mischung" besteht aus mehr als zwanzig verschiedenen Teesorten. Assam ist ein Hauptbestandteil, andere Beimischungen sind aus Ceylon und Darjeeling. Ostfriesen wissen sogar, was *Second Flush Tea* ist, nämlich Tee aus der besonders guten zweiten Ernte. Alle diese Produkte werden gewelkt, gerollt, fermentiert, getrocknet, gesiebt und sortiert, bevor sie letztlich in den Handel gelangen. Teekunde ist in der Tat eine Wissenschaft für sich, und die Ostfriesen sind insofern in Deutschland führend.

Den guten Second Flush übergießt man nunmehr mit sprudelnd kochendem Wasser und stellt die Teekanne danach aufs **„Stövje",** eine Art Samowar, klein, aber fein. Dort „zieht" der Tee und bleibt heiß.

Der Gastgeber schenkt seine eigene Tasse zuerst voll. Dies ist kein Fauxpas, sondern solcherart wird vermieden, dass die störenden Teeblätter in den Tassen der Gäste landen. Heißt es jedenfalls. In Wahrheit soll den Teilnehmern der Teezeremonie wohl die **allein seligmachende Methode** demonstriert werden. Nämlich indem man zunächst Kandiszucker in die Tasse füllt, dann den Tee eingießt und dann die Sahne, die man keinesfalls umrühren darf. Dafür darf man aber vernehmbar und genießerisch schlürfen, zum Beweis, wie herrlich einem das Getränk mundet. Tradition, Tradition! Wem der Tee umgerührt aber besser schmeckt, der rühre ungerührt. Davon geht die Welt nicht unter – obwohl viele Ostfriesen fest daran zu glauben scheinen.

Die Nordsee

Insel-Info
A–Z

Adressen

- **PLZ:** 26465 (plus mehrere Postfach-PLZ).
- **Vorwahl:** 04972.

- **Touristeninformation:**
Im Rathaus, Tel. 693-0. Geöffnet Mo–Do 8–12 und 14–16.30 Uhr, Fr 8–12.30 Uhr. Ein weiteres Info-Büro bei der Zimmervermittlung im Bahnhof. Außerdem:
  www.langeoog.de
  www.langeoognews.de
- **Fundbüro:** Im Rathaus, Tel. 693-22, Zimmer 1.
- **Kurdirektion:**
Tel. 693-125. Für Anregungen und Hinweise ist die Kurdirektion auch über E-Mail zu erreichen: Kurverwaltung@langeoog.de
- **Zimmervermittlung:**
Im Bahnhof. Tel. 693-201, Fax 693-205. Während der Öffnungszeiten (im Sommer täglich, im Winter Montag bis Freitag) erteilt die dortige Gastgeberdatenbank Informationen über freie Unterkünfte. Anfragen können auch über E-Mail (zimmernachweis@langeoog.de) oder über das Internet (www.langeoog.de) gestellt werden.
- **Notruf:**
Euronotruf (Polizei, Rettungsdienst, Feuerwehr): 112.
- **Polizei:**
An der Kaapdüne 5, Tel. 810. Notruf: 110.
- **Haus der Insel:**
Veranstaltungszentrum an der Kurstraße (siehe Karte in der vorderen Umschlagklappe). Programme im örtlichen Aushang.
- **Kur- und Wellnesscenter:**
Kurstraße im Kurzentrum; Tel. 693-215, E-Mail: kur@langeoog.de. Geöffnet Mo bis Sa 8 bis 17 Uhr.
- **Bahn- und Schiffsauskunft:**
Bahnhof Langeoog, Tel. 693-260, Fax 693-263. Info auf dem Festland: Tel. 04971-928911 (Terminal Bensersiel).
- **Flugauskunft:**
Tel. 693-295 (Flugplatz). Geöffnet 1.5.–30.9. 9–13 und 15–19 Uhr. Info auf dem Festland: Tel. 04464-94810 (Luftverkehr Friesland, Flugplatz Harle), www.inselflieger.de

Ärzte und Apotheken

Ärzte
● **Dr. med. Hans-Joachim Koller,** Kurarzt, Facharzt für Allgemein-, Rettungsmedizin und Chirurgie. Hauptstr. 24, Tel. 912020, Mo–Fr 8–11 und Do–Fr 16–18 Uhr. Der Doc nennt sich auch ganz offiziell „Inselkoller".
● **Dr. med. Jürgen Raddatz,** Kurarzt, Facharzt für Allgemein- und Sportmedizin, gemeinsam mit **Antje Hatzler,** Fachärztin für Innere Medizin, Fährhusweg 7, Tel. 1647, Mo–Fr 9–12, Mo–Di und Do–Fr 16–18 Uhr.

Notfall-
dienst
● Der **Wochenenddienst der Ärzte** findet im wöchentlichen Wechsel statt. Die Termine sind u.a. am Rathaus, in der Apotheke und an den Arztpraxen ausgehängt, außerdem www.langeoog.de.

Zahnarzt
● **Dr. Gabriele Hübener,**
Mittelstr. 21, Tel. 292, Mo u. Mi 11–19 Uhr, Di u. Do 8–16 Uhr, in dringenden Fällen nach Vereinbarung.

Apotheke
● **Inselapotheke,**
Am Wasserturm 8, Tel. 253. Direkt unterhalb des Wasserturms, nicht zu verfehlen.

Einkaufen

Wer sich für längere Zeit auf Langeoog aufhält, wird nicht umhinkommen, Einkäufe in den **Inselläden** tätigen zu müssen. Es geht ganz schön ans Geld, wenn man sich für jede Kleinigkeit in ein Restaurant bemühen muss. Außerdem bereitet sich manch einer bestimmt gern eigene Mahlzeiten zu. In mehreren kleinen Supermärkten, Fleischereien und Bäckereien sowie einem Fischgeschäft erhält man alles, was man für die tägliche Versorgung braucht.

Die **Preise** auf der Insel sind höher als auf dem Festland. Es muss ja fast alles aufwendig von dort herangekarrt werden, und die Entsorgung des ganzen Verpackungsmülls kostet ebenfalls. Wer etwas aufs Geld sehen muss, dem sei zu Preisvergleichen geraten; es gibt nicht unerhebliche Unterschiede von einem Geschäft zum anderen. Auf manche Ware wird man, weil überteuert, wahrscheinlich verzichten wollen. Tomaten für 10 Euro pro Kilo sprengen jegliches Maß, und wenn Bananen für 50 Cent *pro Stück* angeboten werden, so empfiehlt es sich wohl, sie mit dem Argument liegen zu lassen, sie passten ohnehin nicht in die Nordseelandschaft.

Auf die freundlichste Bedienung stieß der Autor in dem kleinen **Süderkoop-Markt** (Um Süd 1). Dort gibt es selbst am Wochenende Brötchen.

Die **Öffnungszeiten** im Einzelhandel sind generell die folgenden: Mo bis Fr 9–12.30 und 15–18 Uhr sowie Sa 9–12.30 Uhr. Die Geschäfte sind ebenfalls an einigen spezifischen Sonntagen (morgens) geöffnet.

Fortbewegung

Weil es auf Langeoog keine Autos und mithin auch keine Busse gibt, bewegt man sich wie anno dazumal: Zu Fuß, per Fahrrad und zu Pferd bzw. mit der Pferdekutsche.

Zu Fuß

Die **Entfernungen** im Ortsbereich sind moderat. Innerhalb eines Radius von maximal 1 km lässt sich alles Lebensnotwendige erreichen. **Spaziergänge** (im Gegensatz zu Wanderungen, auf die noch zurückgekommen wird) kann man entlang des Badestrandes (2 km) unternehmen, zum Flinthörn oder zum Hafen hinaus (jeweils 3 km in einer Richtung). Kleine Fußtouren lassen sich auch ideal im Wäldchen südlich des Ortes unternehmen, das von mehreren Pfaden durchzogen wird.

Mit dem Fahrrad

Der Fahrräder sind derart viele auf der Insel, dass sie mitunter **Verkehrsstaus** erzeugen. Nach Ansicht der Polizei kommt den Radlern die vom Festland her gewohnte Straßendisziplin abhanden: Anarchie im Sattel. Im Ortskern, entsprechend

Insel-Info A–Z

ausgeschildert, muss man deswegen vom 15.3. bis 31.10. von 10 bis 12.30 Uhr und von 16 bis 18 Uhr das **Fahrrad schieben.** Es sind Sheriffs unterwegs, um das Verkehrsgeschehen zu überwachen. Auf zweirädrige Rempeleien reagieren sie besonders empfindlich. Verstöße werden an Ort und Stelle mit 20 Euro geahndet. Und die Kassierer sind fleißig. „Die Gemeinde braucht Geld", seufzen die Vermieter und geben ihren Kunden nicht nur Rad, sondern auch Rat. Nämlich schön gesittet zu fahren bzw. zu schieben.

Prinzipiell können Radler alle Fußwege mitbenutzen. **Am Strand** sind sie jedoch nicht wohlgelitten. Erstens bleiben die unberäderten Leute dort lieber unter sich. Und zweitens ist das Salzwasser gar nicht gut für die Räder. Ein paar kräftige Duschen, ein Schlag Sand dazu, und es knirscht bald tödlich im Getriebe. Außerdem ist die gesamte **Höhenpromenade** für Radler gesperrt.

Kind, Kegel, Bollerwagen

Um des **Fahrradklaus** auf der Insel Herr zu werden, hat man Langeooger Privat- (nicht Leih-)Räder mit einem Nummerncode versehen. Von „Stehlen" kann zwar an und für sich keine Rede sein. Es dürfte sich ausnahmslos um Dummejungenstreiche handeln: Ein Rad wird für eine Tour „entliehen" und dann irgendwo „abgelegt". Die Besitzer sind jedoch froh, ihr Eigentum dieserart leichter wiederzufinden und identifizieren zu können.

Es gibt eine stattliche Anzahl von **Fahrradvermietern** auf der Insel. Man braucht sich eigentlich nur ein wenig treiben zu lassen, um einen zu finden. Und wenn der einem unhöflich kommt – alles schon passiert! –, weil er zu Stoßzeiten mit dem Andrang nicht so recht fertig wird, nun, dann zieht man eben ein Haus weiter und sucht sich einen freundlicheren Typen aus.

Ein kleiner Überblick:
- **Agena:** Barkhausenstr. 8 (direkt neben „De Grönhöker"), Tel. 990311.
- **Lütgemeier:** Am Bahnhof, Tel. 6474.
- **Bike Corner:** Um Süd 6, Tel. 990960.
- **Bollenberg:** Gartenstr. 2, Tel. 288.
- **Rad & Roll:** Polderweg 5a, Tel. 912979.
- **Inselcenter:** Hauptstr. 5, Tel. 274.
- **Kik rin bi Kati:** Melkerpad 8, Tel. 455.

Durchschnittliche Preise (in Euro)	Stunde	Tag	Woche
Normales Fahrrad	4	8,50	24
Kinderrad	3	5	17
Rad mit Anhänger	–	16	55
Tandem	–	16	60
Bollerwagen	3	6	20

Auf dem Pferd

Versteht sich, dass im Ortszentrum das **Reiten verboten** ist. Auch an den Badestränden und auf den (entsprechend beschilderten) Fußpfaden sind Pferde tabu. Doch zahlreiche (rot markierte) **Reitwege** stehen Ross und Reiter inselweit offen; die ganze Insel kann praktisch umritten werden (siehe Karte „Reitwege"). Weitere Informationen über Reitwege erteilen die beiden Reiterhöfe (siehe „Sport/Reiten").

Mit der Kutschtaxe

Am Bahnhof Langeoog stehen Kutschtaxen bereit, mit denen man im Ortsbereich befördert wird (Inseltouren mit der Kutsche: siehe Führungen und Rundfahrten). Wer schon im Voraus ein Gefährt bestellen möchte, rufe an: *Heyken,* Tel. 6060 oder *Lothar's Pferdemobil,* Tel. 257007.

Die **Preise** im Ortsbereich betragen für Partien von 1–5 Personen und bis zu 5 Gepäckstücken zwischen 12–15 €.

Insel-Info A–Z

Führungen und Rundfahrten

Schiffs-ausflüge

Die Schifffahrt der Inselgemeinde Langeoog bietet von März bis Oktober **Ausflugsfahrten auf See und zu den Nachbarinseln** an. Buchung und Abfahrt beim Bahnhof Langeoog (Tel. 693-260).

Fahrten zu den **Seehundbänken** führen in der Regel von April bis Oktober zur „Niederplaate" im Baltrumer Wattengebiet. (Im Winter verziehen sich die Seehunde zumeist an die wärmere Atlantikküste Frankreichs.) Diese Fahrten werden in Übereinstimmung mit den Richtlinien des Nationalparkamtes durchgeführt. Bei Ankunft treibt das Schiff mit abgestellten Maschinen an den Sandbänken vorbei und die Seehunde, die diese Routine gewohnt sind und sich von den Menschlein keineswegs stören lassen, können dabei in aller Ruhe beobachtet und fotografiert werden. Der Seehundbestand der Nordsee hat sich seit dem großen Robbensterben Ende der achtziger Jahre wieder gut regeneriert. Man kann auf Ausfahrten mit großer Sicherheit damit rechnen, die Tiere auch zu sehen.

Preise (inkl. MwSt)

	Personen ab 16 J.	Personen zw. 6–15 J.
Fahrt im Wattenmeer	11,50 €	6,90 €
Seehundbänke	11,50 €	6,90 €
Piratenfahrt	12,50 €	8,00 €
Abendfahrt mit Live-Musik	15,00 €	9,00 €
Baltrum/Spiekeroog	19,00 €	11,40 €

Gruppenermäßigung auf Anfrage.

Dunkle Flecken auf der Sandbank außerhalb des Badestrandes sind übrigens ebenfalls Seehunde. Die „Robbenplate" fällt allerdings nur bei sehr niedrigen Wasserständen trocken.

In seltenen Fällen kann es vorkommen, dass sich **Jungtiere** auch an die Hauptstrände Langeoogs verirren. Liegen lassen und Abstand halten, ist dann die Devise. Eine Annäherung fördert nur, dass sich die Muttertiere fernhalten und der Kleine gerät so immer mehr in Bedrängnis. „Landhunde" an die Leine! Und die Robben nicht anfassen! (Sie können in Notwehr böse Bisswunden verursachen). Nur in besonderen Ausnahmefällen dürfen ausschließlich lizenzierte Seehundsbeauftragte die Tiere an sich nehmen. Am besten: Gar nichts tun.

Junger Seehund

Wattwanderungen

● **Langeooger Inselwatt mit Uwe Garrels** (staatl. gepr. Wattführer): Täglich in der HS. Termine (von den Gezeiten abhängig) laut Aushang. Dauer 2½– 3½ Std. **Info:** Tel. 6276.

Preise: Erwachsene 7 €, Studenten 5 €, Kinder 3,50 €, Familienkarte 16 €. Gruppen nach Vereinbarung (max. 60 Teilnehmer). Treffpunkt: Deichschart/Seedeich. Wanderungen auch mit *Peer Agena* (Tel. 990311), *Arvid Männicke* (Tel. 6699) und *Gerhard Siebels* (Tel. 990261).

Flinthörn Wanderung

● **Flinthörn-Wanderung:** Ausflug zum Flinthörn. Jeden Di nachmittag zwischen Ostern und Herbst findet eine naturkundliche Wanderung zur Südwestspitze der Insel statt. **Infos** erteilt die Kurverwaltung.

Preise: Erwachsene 5 € und Kinder 2,50 €. Gruppen nach Vereinbarung.

Insel-Info A–Z

022la Foto: rh

**Stern-
stunde**

●**Sternkundlicher Spaziergang** mit der Segelschule Langeoog mit *Arvid Männicke*. Von Mai bis
August (bei klarem Wetter) Fr, Sa, So 23 Uhr.
Gruppen nach Vereinbarung. **Info:** Tel. 6699. Kos-
tenpunkt 3 €.

**Kutsch-
fahrten**

●**Kutschfahrten:** Die folgenden Betriebe stehen
hierfür zur Verfügung: *Kleinbauer* (Tel. 0175-
4601045), *Kuper* (Tel. 6269), *Lothar's* (Tel. 257
007), *To'n Peerstall* (Tel. 725) und *Vogel* (Tel. 6029).
Die Kutschfahrten werden, zum Teil am Strand
entlang, bis zur Meierei und zum Ostende unternommen.

Gastronomie

Dieser Kolumne ist der Vermerk voranzustellen,
dass im insularen Gastronomiegewerbe **saisonel-
le Arbeitskräfte** tätig sind, deren manchmal man-
gelhafte fachliche Kompetenz nichts über den Betrieb aussagt, in dem sie angestellt sind. Ich sehe
mich zu diesem Vermerk veranlasst, nachdem sich
Leser nach Besuchen von Restaurants – nicht auf
Langeoog –, die ich empfohlen hatte, bitter über
muffelige Bedienung und lieblosen Service be-
schwerten. Derartige Arbeitskräfte werden von
den Geschäftsleitungen meistens schnell ersetzt,
falls jemand jedoch einen Dauerzustand dieser
Art registrieren sollte, wird hiermit um Nachricht
gebeten.

Bistros

●**Back-Bord**
Kavalierpad 3, Tel. 990000.
Backwaren, Eis, Gemüseaufläufe, Fischdelikatessen, Ge-
tränke.
●**Bahnhofskiosk**
Hauptstr. 1, gegenüber vom Bahnhof.
Eis, Getränke, Souvenirs, Tabakwaren, Süßigkeiten, Zeit-
schriften. Kleine Terrasse. Beliebt als Wartestation der
Bahnpassagiere.

●**E-Punkt**
Barkhausenstr. 2, Tel. 990760.
Alles für den kleinen, mittleren und großen Hunger, mit Biergarten.

●**Oase**
Kavalierpad 15, Tel. 682697.
Hier kann man nicht nur (auf Bistro-Art) speisen, man kann auch tanzen, denn dies ist Langeoogs einzige Disco (siehe auch Kapitel Unterhaltung).

●**Steuer-Bord**
Barkhausenstr. 5, Tel. 912060.
Röstis, kleine mexikanische Spezialitäten, Baguettes, Salate, hausgebackene Kuchen und Torten – und alles „zu familienfreundlichen Preisen". Geöffnet ist täglich von 11.30–21.30 Uhr.

●**Windfang**
Im „Windlicht"; s.u. Geöffnet täglich von 12–1 Uhr, Di erst ab 17.30 Uhr.

Cafés

●**Alte Post**
Barkhausenstr. 3, Tel. 91150.
Teil eines kleinen Hotels. Türkische Spezialitäten. Gemütlich und kinderfreundlich. Nichtraucherbereich.

●**Café Leiß**
Barkhausenstr. 13, Tel. 6514.
In schönem altem Inselhaus mit echtem Flair. Frühstücksbuffet, Tee-, Kaffee-, Eis- und Tortenspezialitäten. Gepflegte Getränke. Täglich geöffnet 8.30–23 Uhr.

●**Carniola**
Kavalierpad 18, Tel. 6367.
Der Name deutet auf Italienisches hin, und das findet man dort auch (u.a. feines Gegrilltes).

●**Golfstuben**
Hafenstr. 30, Tel. 1392.
Etwas zurückgelegen, auf halbem Weg zwischen Ort und Hafen, befindet sich diese von viel Grün umgebene Oase. Wanderer und Radfahrer machen in ihr gern Station, um sich an Kuchen und Ostfriesentee zu laben. Übrigens: Wer hier nach einem Golfplatz sucht, wird keinen finden. Nur die Miniaturversion von Golf wird neben dem Café gespielt. Geöffnet täglich (außer Mo) ab 10 Uhr.

●**Hansa Café**
Am Flugplatz, Tel. 1297.
Gleich neben dem Tower. Man kann dem erschröcklich dichten Luftverkehr des „Flughafens" unmittelbar beiwohnen und sich dabei an Kuchen, Eis und Tee delektieren. Eltern kehren hier gern mit ihren Kindern ein, weil sich der Spielplatz am Schniederdamm nur ein paar Meter weiter befindet. Geöffnet täglich (außer Do) 11–23 Uhr.

●**He'Tant**
Barkhausenstr. 7, Tel. 990239.

Insel-Info A–Z

Gastronomie

0   300 m

Legende auf Seite 83

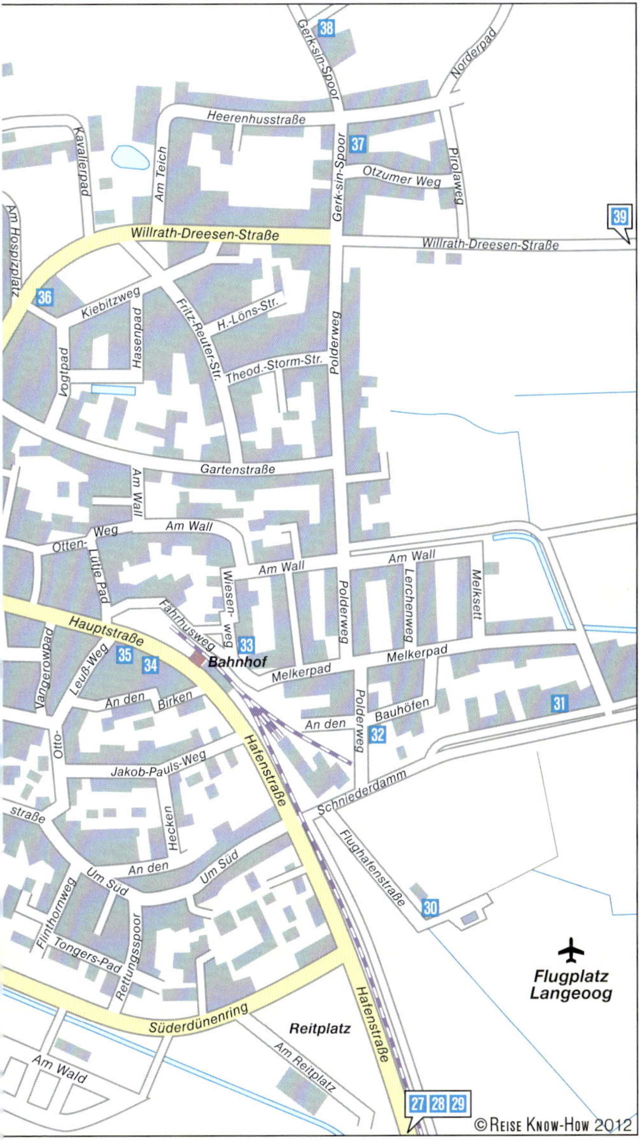

Insel-Info A–Z

38

Gerk-sin-Spoor

Norderpad

Heerenhusstraße

37

Gerk-sin-Spoor

Otzumer Weg

Pirolaweg

Am Teich

Kavalierspad

Am Hospizplatz

Willrath-Dreesen-Straße

Willrath-Dreesen-Straße

39

36

Kiebitzweg

Hasenpad

Fritz-Reuter-Str.

H.-Löns-Str.

Polderweg

Jogtpad

Theod.-Storm-Str.

Gartenstraße

Am Wall

Otten- Weg

Am Wall

Am Wall

Am Wall

Lerchenweg

Melksett

Lilje Pad

Wiesen-weg

Polderweg

Hauptstraße

Vadgerowpad

Leuß-Weg

Fahrhusweg

35 34

33

Bahnhof

Melkerpad

Melkerpad

Polderweg

An den Birken

An den Bauhöfen

31

Otto-

straße

Jakob-Pauls-Weg

Hecken

Hafenstraße

32

Schniederdamm

Um Süd

An den Um Süd

Flughafenstraße

Finkhornweg

Tongers-Pad

Rettungsspoor

30

Süderdünenring

Reitplatz

Hafenstraße

Am Reitplatz

Am Wald

✈
Flugplatz
Langeoog

27 28 29

© REISE KNOW-HOW 2012

Neu entstanden mit altem Ambiente und auf Anhieb populär, nicht zuletzt wegen der großen Veranda traditionellen Stils. Es gibt Tee und Kuchen vom Feinsten, aber auch leckere Fischteller und Granatgerichte, und außerdem kann man mal studieren, was alles so aus Sanddorn (s. auch Exkurs „Wer entdeckte den Sanddorn") gemacht wird. He'Tant heißt übrigens „Hebamme", eine Vorfahrin der Betreiber. Geöffnet 10–22 Uhr, Mi Ruhetag.

● **Info-Café**
Wiesenweg 1, Tel. 911980.
Frühstücken mit Ausflugstipps.

● **Meierei**
Ostende, Tel. 248.
Beliebtes Ziel für Ausflügler, die sich dort mit Tee und Kuchen für weitere Kilometer stärken können. Täglich (außer Di) von 10.30–17.30 Uhr geöffnet.

● **Ostfriesische Teestube**
Am Hafen, Tel. 6156.
Bei Tee und selbstgebackenem Kuchen kann man das Geschehen im Jacht- und Fährhafen beobachten. Außerdem gibts im Teelädchen original ostfriesische Souvenirs. „Alle Artikel werden Ihnen auch gerne zugesendet!" Täglich (außer Do) ab 12 Uhr geöffnet.

● **Tennis- & Sportcenter**
Kavalierpad, Tel. 6051/1077.
„Hier fühlen sich nicht nur die Beckers und die Grafs wohl!", jubelt die Eigenwerbung. In der Tat. Auch wer von Tennis keine Ahnung hat, wird im Tenniscafé gern ein frischgezapftes Bier zischen, denn schon das Zuschauen macht durstig. Täglich ab 10 Uhr geöffnet.

● **Wellenkieker**
Kurstr. 5, Tel. 990712.
Leichte Küche, gepflegte Getränke, Kaffee und Kuchen. Täglich (außer Mo) 1–22 Uhr geöffnet. Fr ab 18 Uhr „Scholle satt"!

Eisdiele

● **Pinese**
Barkhausenstr. 8, Tel. 6194.

Imbisse

● **„Das Fischgeschäft"**
An den Bauhöfen 2 (hinter dem Bahnhof), Tel. 912960.
Fisch und Krabben vom Kutter. Eigene Räucherei. Fischsalate. „Heiße Theke". Geöffnet zu den üblichen Geschäftszeiten.

● **Fischkombüse**
Barkhausenstr. 5, Tel. 990490.
Filiale des obigen Fischgeschäfts mit dem generell gleichen Angebot. Mittwochs geschlossen.

● **Mamma Mia**
Hauptstraße 27, Tel. 473.
Leckeres aus dem Pizzaland.

Insel-Info A–Z

Legende zur Karte auf Seite 80

■ Essen und Trinken
1 Seekrug,
    Düne 13
2 Windfang,
    Windlicht
3 Oase
4 Strandhalle
5 Back-Bord
6 Tennis- und Sportcenter
7 Bei Kostas
8 Wellenkieker
9 Carniola
10 Treffpunkt
11 Knurrhahn
12 Café Leiß
13 He'Tant
14 Steuer-Bord
15 Bei Luciano
16 Fischkombüse,
    Alte Post
17 Sturmeck
18 Am Wasserturm
19 Dwarslooper Twee,
    Kaapstube
20 Lili Marleen,
    Olive
21 Roma
22 Mamma Mia
23 In't Stüerhus,
    E-Punkt
24 Pinese
25 In't Dörp
26 Lütje Lounge,
    Der Kavalier
27 Golfstuben
28 Kajüte am Hafen
29 Ostfriesische Teestube
30 Hansa Café
31 Landhaus
    am Schniederdamm
32 Das Fischgeschäft
33 Info-Café
34 Bahnhofskiosk
35 Piccolo
36 Schiffchen
37 Sonnenhof
38 Pirolaeck
39 Meierei

●Piccolo
Hauptstr. 5, Tel. 990310.
Pizzeria, geöffnet tägl. 10–23 Uhr.
●Pirolaeck
Gerk sin Spoor 16, Tel. 6367.
Von 11 bis 18 Uhr kleine und feine gute Sachen, u.a. slo-
wenische Gourmet-Spezialitäten.
●Roma
Hauptstr. 31, Tel. 990149.
Täglich von 12 bis 15 und 17 bis 23 Uhr satt Pizzen.
●Treffpunkt
Barkhausenstr. 22, Tel. 336.
Tägl. 10–20 Uhr geöffnet.

Kneipen
●Düne 13
Höhenpromenade 1, Tel. 1531.
Musikkneipe mit gemütlichem Ambiente.
●In't Stüerhus
Barkhausenstr. 2, Tel. 1314.
Täglich außer Mo vormittag geöffnet.
●Kaapstube
Hauptstr. 37, Tel. 315.
Geöffnet täglich außer Di ab 18 Uhr.
●Lütje Lounge
Hauptstr. 21, Tel. 382.
So heißt der ehemalige „Lütje Hörn" seit 2011 und bietet
sich als neuer Treffpunkt für Gäste und Insulaner an.
●Lili Marleen
Im Hotel Lamberti. Hauptstr. 31, Tel. 910732.
Abendlokal. Gemütliche, musikuntermalte Atmosphäre.
Auch ein Tänzchen darf man wagen. Cocktails. Geöffnet
täglich 20–2 Uhr.
●Dwarslooper Twee
Hauptstr. 37, Tel. 990087.
Ein „Dwarslooper" ist eine Krabbe, so genannt, weil sie
seitwärts läuft. Hier läuft bei guter Musik und inmitten ent-
spannter Gemütlichkeit alles seinen ruhigen Gang. Bistro,
Bierpub, Café – ein lockerer Treffpunkt.

Restau-rants
●Am Wasserturm
Im Nordseehotel Kröger. Hauptstr. 38, Tel. 6860.
Hier geht's anspruchsvoll zu. Frische Fisch– und Fleischge-
richte und ein großes Salatbuffet sind Garanten für kulina-
rische Zufriedenheit, vor allem, wenn dazu ein ausgesuch-
ter Spitzenwein gereicht wird. Überdies gibts eine ausge-
dehnte Terrasse für sonnige Stunden und eine Bar für
schummerige. Geöffnet täglich 8–24 Uhr.
●Bei Kostas
Im Wellenbad, Tel. 1892.
Internationales Restaurant (früher: „Takelage") mit griechi-

schen Spezialitäten. *Kostas Gavrilidis* aus Saloniki führt hier (unter anderem) vor, was Mediterraner alles aus Fisch machen können! Frühstücksbuffet zwischen 7.30 und 11 Uhr; Mittag 12–14.30 Uhr und Abendessen 17.30–22 Uhr.

● Bei Luciano
Barkhausenstr. 5, Tel. 6025.
Langeoogs „Italiener". *Molte specialitè* aus dem Pizzaland. Gemütliche Atmosphäre. Geöffnet täglich 11–22 Uhr.

● Der Kavalier
Hauptstr. 21a, Tel. 855.
Gepflegte Gastlichkeit, geschmackvolle Einrichtung und angenehmes Ambiente werden hier großgeschrieben. Und gut essen kann man auch. Obendrein geben einem die Kavaliere noch ein Lunchpaket auf den Weg, wenn man danach fragt! Geöffnet täglich (außer Donnerstags) 17.30–22 Uhr.

● In't Dörp
Barkhausenstr. 4, Tel. 912071.
Gutbürgerliche Küche, Fischspezialitäten. „Leckerst un Best ut Pott un Pann!" Längster Tresen Langeoogs – 15 Meter! Geöffnet täglich (außer Do) 11–14 und 17–24 Uhr.

● Kajüte am Hafen
Hafendeichstr. 27, Tel. 1748.
Seglerheim, doch auch Landratten sind willkommen. Montags geschlossen.

● Knurrhahn
Barkhausenstr. 23, Tel. 990172.
Wie der Name andeutet, gibt es hier vor allem Maritimes, dessen Qualität sich sehen lassen kann. Offen 10–24 Uhr, Montags (außer an Feiertagen) geschlossen.

● Landhaus am Schniederdamm
Schniederdamm 10, Tel. 527/1605.
Spezialität: Fischplatten für 2 Personen. Kaffee und Kuchen. Tanz, Billard, Kegelbahn (17–20 Uhr). Geöffnet täglich (außer Mo) 11.30–14 und 17–24 Uhr.

● Olive
Im Hotel Lamberti. Hauptstr. 31, Tel. 6677.
Reichhaltige Speisenkarte, internationale Fischgerichte. Ambiente aus der Kolonialzeit und den 1950er Jahren. Durchgehend warme Küche von 10 bis 23 Uhr.

● Schiffchen
Im Hotel Kolb. Barkhausenstr. 32, Tel. 9104125.
Feine deutsche Küche mit Exkursen in französische, italienische und asiatische Gefilde. Geöffnet täglich 8–22.30 Uhr.

● Seekrug
Höhenpromenade 1 (Nähe Strandhalle), Tel. 383.
Panorama-Restaurant. „Täglich frischer Fisch vom Kutter" und ostfriesische Spezialitätenküche. Ausgesuchte Weine. Geöffnet täglich (außer Mo) 10.30–23 Uhr.

● Sonnenhof
Gerk-sin-Spoor 6, Tel. 713.

Dies war einst *Lale Andersens* Domizil. Heute kann man sich in dem populären Lokal an Kuchen, Eis, Kaffee und Tee laben und dabei den Oldies der Sängerin vom Tapedeck lauschen. Täglich von 11 bis 23 Uhr durchgehend geöffnet.

● **Strandhalle**
Höhenpromenade 5, Tel. 990776.
Die alte (dritte) Strandhalle wurde im Februar 1955 Opfer der Nordsee und purzelte bei einer Sturmflut zum Teil in die Wogen (die erste ging schon 1936 überkopp). Die neue steht ehern da, und von ihr blickt man aufs Nordmeer und den Strand hinaus: „Gönnen Sie sich ein herrliches Menue bei einem traumhaften Sonnenuntergang!" Garantiert ist das erstere, aber nicht der letztere. Naturfreunde werden sich freuen. Zu sehen gibts aber trotzdem etwas: Die Kleinen können pausen- und kostenlos Kinderfilme betrachten. Geöffnet täglich 11–23 Uhr, schließt im Winter etwas früher.

● **Sturmeck**
Hauptstr. 34, Tel. 1098.
Gutbürgerliche Küche; Fisch- und Fleischgerichte, Eintöpfe. Bierstube und -garten. Stammlokal vieler Insulaner. Ganzjährig geöffnet. Küchenbetrieb täglich außer Mo 11–14 und 17.30–24 Uhr.

● *Windlicht*
Am Hospizplatz 7, Tel. 922513.
Nahe des Kurzentrums. Reichhaltige Speisenkarte, „Fleisch vom Stein". Angeschlossenes Kino, Langeoogs einziges. Nach dem Film kann man sich in der Windlicht-Bar noch ein Bierchen gönnen. Geöffnet täglich 12–22 Uhr, Mi (außer im Hochsommer) Ruhetag.

Hunde

Für Hunde besteht ein **inselweites Anleingebot.** Damit Flocki auch die See genießen kann, gibt es für ihn einen speziellen **Hundestrand** mit entsprechender Beschilderung (HU). Der Dünenübergang dorthin befindet sich westlich vom Hunpad, links an der katholischen Kirche vorbei. Auch östlich der Badestrände ist der Hund gelitten.

Bei Buchung eines **Quartiers** ist stets zu fragen, ob Hunde auch willkommen sind. Das ist keineswegs in allen Herbergen der Fall, und es werden sogar immer weniger.

Ende des
Hunde-
strandes

An mehreren Stellen im Ort stehen Spender mit
„Hukos". Das sind **Entsorgungsbeutel** für die
würstlichen Hinterlassenschaften. Hundehalter
werden aufgefordert, davon bitteschön fleißigen
Gebrauch zu machen.

Internet

Öffentliche Internet-Terminals befinden sich im
Tennis-Café (Kavalierpad/Hauptbad), im *Inselcenter* (Barkhausenstr. 1), im Hotel *Feuerschiff* (Friesenstr. 1a–5) sowie im Café *Alte Post* (Barkhausenstr. 3).

Insel-Info A–Z

Kinder

Langeoog gilt als **die Kinderinsel der Nordsee.** Es gibt zahlreiche Einrichtungen für die Zwerge, nicht zuletzt, damit sich die lieben Eltern auch mal von ihren lieben Kleinen erholen können. Und alles kostet wenig oder sogar überhaupt nichts, weil man (auch wenn man keine Kinder hat) für diese Dienste die Kurabgabe entrichtet.

Kinderinsel hin und her: Wer mit Kindern ein **Quartier** beziehen möchte, erkundige sich vorab, ob das auch genehm ist. Manche Gastgeber wollen keine Kinder im Haus haben. Dafür muss man Verständnis aufbringen, denn die Bambinos sind halt manchmal etwas laut, und viele Kurgäste hätten es lieber leise. Dann zieht man eben ein Haus weiter.

Einiges zum Thema Kinder in Stichworten:

● **Babysitter:** Eine Liste kompetender Betreuerinnen erhält man im Rathaus (Zimmer 4), Tel. 693-112. Es handelt sich zumeist um Schülerinnen, die einen Kursus in Kinderbetreuung absolviert haben und ein „Babysitter-Diplom" besitzen.
● **Bibellesungen für Kinder:** In den Sommerferien Mo–Sa 11 Uhr am Strand D (Nähe Sportpalast) und 16 Uhr am Strand A (Nähe kath. Kirche). Bei schlechtem Wetter im Spöölhus. Keine Gebühren.
● **Kinderspaß:** Gymnastik für Kinder ab 4 Jahre je nach Wetter am Sportstrand oder in der Spöölstuv (s.u.), von

April bis Oktober Mo–Fr 10–10.45 Uhr. Teilnahme gratis gegen Vorlage der Kurkarte.

● **Kinderveranstaltungen:** Im Haus der Insel Mo und Do (manchmal Fr) 15 Uhr. Zumeist treten Clowns, Kinderliedbarden, Puppenspieler oder Märchenerzähler auf. Eintritt um 2 Euro.

Bei den Abendveranstaltungen im Haus der Insel erhalten Kinder und Jugendliche in der Regel eine Ermäßigung auf den regulären Eintrittspreis. Ein Gleiches gilt für das Inselkino.

● **Spielplätze:** Am Schniederdamm (nahe Flugplatz; großes Gelände); am Spöölhus (s.u.); Spielgeräte am Strand (NS und HS) und im Kurzentrum (Wippfiguren). Der schönste Spielplatz ist natürlich der Strand selbst. Und da Freiluftkindergärten in Deutschland im Kommen sind, weil sie nach Ansicht moderner Pädagogen (und vieler anderer, gänzlich unpädagogischer Menschen, namentlich Eltern) „ausgeglichene, sozial und ökologisch verantwortungsvolle junge Menschen" („Spiegel") heranbilden, wird man auch auf der Kinderinsel Langeoog wohl bald einen solchen finden.

● **Spöölhus** (Kavalierpad 10, Tel. 693-239): Diese Tagesstätte ist auch als „lautes Haus" bekannt, weil die Kinder hier (mit ihren Eltern) ungehemmt herumtollen können. Dafür stehen 600 qm unter Dach bereit. Das Spöölhus eignet sich vor allem für Kinder bis zu 12 Jahren.

In einem großen Spielraum findet sich ein Miniaturwohnhaus mit Küche und Wohnzimmer. Die Kinder können sich aus großen Puzzlesteinen auch ein eigenes Spiel-

Spiel und Spaß am Strand

Kinderinsel Langeoog

haus bauen. Außerdem laden Klettergerüste und -netze sowie eine Sprossenwand zum Herumturnen ein. Für Schlechtwettertage stehen jede Menge Gesellschaftsspiele zur Verfügung. Für kleinere Kinder (bis 6) gibt es ein „Kugelbad" (nichts Martialisches) mit Rutsche und für die wirklichen Zwerge eine Krabbelecke mit Bilderbüchern, einer Holzeisenbahn und mengenweise anderem Spielkram.

Zum Spöölhus gehört ein großer Außenspielplatz mit vielen Holzgeräten. Während der Öffnungszeiten ist stets jemand zur Betreuung da. Die Beaufsichtigung der Kinder ist jedoch Sache der Eltern.

LangeoogCard mitbringen! Sie ist das Eintrittsticket für das Spöölhus.

Geöffnet (HS) Mo–Fr 10-13 und Sa/So 15-18 Uhr. Einschränkungen sind möglich; man achte auf die aktuellen Aushänge.

●**Spöölstuv** (Kavalierpad 3, Tel. 693-236): In der HS wird Eltern hier die Betreuung ihrer Kinder (bis 6 J.) geboten. Es gibt einen großen Gästekindergarten und eine Kinderstube, und alles ist, wie anders, „kindgerecht" und farbenfroh (viel Plastik) eingerichtet. Eine freundliche Angestellte sorgt mit Hilfe vieler bunter Bilderbücher, Spielen und Bastelmaterialien für gute Laune.

Geöffnet (HS) Mo, Mi, Fr 9-12 Uhr. Außerhalb der Saison laut Aushang oder Info im Rathaus. (Im Winter kurzzeitig geschlossen.) Hierfür wird ein nomineller Beitrag er-

Spöölstuv am Kavalierpad

Evangelische Kirche

hoben. Während der Kuranwendung der Eltern oder des Elternteils ist die Betreuung kostenlos, ansonsten 3 €/Std.

Beide Häuser liegen gleich rechts hinter dem Haus der Insel, in Richtung auf den Strand gesehen.

Spöölhus und -stuv sind auch unter der Sammelanschrift spielhaeuser@langeoog.de per E-Mail zu erreichen.

● **Wickelräume:** In den Damentoiletten des Meerwasserbades (Eingangsbereich), des Kurmittelhauses, des Hauses der Insel (Foyer), in Spöölhus und Spöölstuv, sowie im Bahnhof.

Kirchen

Auf Langeoog sind die **evangelische Inselkirche** (Hauptstr. 13), die **katholische St.-Nikolaus-Kirche** (Strandjepad 1) und die **freie evangelische Gemeinde** (Barkhausenstr. 33) vertreten. Von der Architektur her sind die klerikalen Baulichkeiten nicht besonders interessant. (Ausnahme ist das eigentümliche Altarbild der evangelischen Kirche, siehe unter „Sehenswertes"). Drinnen ist es kurzweiliger.

Die insularen Kirchen sind sehr aktiv, und die **Gottesdienste** genießen erstaunliche Beliebtheit. Sogar schwer strophenträchtige Kirchenlieder werden jetzt tapfer zu Ende gesungen, heißt es. Allerdings, Gott sei's geklagt, trifft dieser Sachverhalt weit weniger auf die Einheimischen als auf

Insel-Info A–Z

Die Langeooger und ihre Pastoren

Zwischen den auf Langeoog stationierten Pastoren und ihren Schäfchen herrschte im Verlauf der Inselgeschichte nicht immer eitel Freud und Sonnenschein. Bei einem strengen Verhör in Aurich wurde der bereits erwähnte **Pastor Christian Böttcher** (oder *Böcker*) um die Wende zum 18. Jahrhundert ersucht, seine häufige Abwesenheit von der Insel zu erklären. Er gab an, die dortigen Wohnverhältnisse seien nicht menschenwürdig. Außerdem verhielten sich die „Eyländer" ihm gegenüber „gantz widrig, weil er sie in ihrem rohen und wüsten Zustande nicht zum Abendmahl laßen wolle". Denn: Sie lebten „in Feindschaft, Zorn, Neid, Ungerechtigkeit und anderen Sünden". Böttcher stand mit seiner Gemeinde chronisch auf Kriegsfuß. Das Problem erledigte sich durch die Weihnachtsflut von 1717. Die widrige lutherische Gemeinde Langeoog ging in der Sündflut baden und blieb infolge der angerichteten Schäden von 1722 bis 1853 (!) unbesetzt.

Der **Inselpastor Peter Friedrich Ludwig Hoffmann** gelangte im Jahre 1862 ebenfalls zu einem recht unschmeichelhaften Urteil über „seine" Langeooger. Er schrieb seinem vorgesetzten Amt Esens folgendes: „Ich muß Klage vor Ihnen führen um das Elend der tiefen Verkommenheit, der frühen Eingriffe in göttl. und menschliche Rechte, die überall hier und fast täglich hier in unerhörender Weise kund thun und deren traurige Folgen mit dem unabwehrbaren Fluche der Noth und des Unfriedens so schwere auf dem hiesigen Geschlechte lasten." Denn: „Der Hauptcharakterzug der Langeooger ist rohe Sinnlichkeit, die sich kund thut in allgemeiner, starcker Trunksucht unter Männern und Weibern, Gemeinheit, Putzsucht und Hang zum Wohlleben. Folgen davon: Bodenloser Leichtsinn und Nachläßigkeit, Trägheit, Noth und Armuth, Unfriede und Schlechtigkeit."

Ein paar Jahre darauf ergriff der energische Pastor die Initiative und veranlasste die Entsendung von zwei Landgendarmen aus Aurich, um den Trinkgelagen ein Ende zu bereiten und die **sittliche Ordnung wieder herzustellen.** Der Inselvogt *Kuper,* der es wohl besonders toll getrieben hatte, wurde seines Amtes enthoben.

1898 notierte der **Pastor Otto Harms** in seinem ersten Visitationsbericht: „Fleiß, Sparsamkeit und Ehrlichkeit lassen nicht zu wünschen übrig. Sehr betrübend dagegen ist, daß sich in der Gemeinde drei notorische Trunkenbolde befinden, doch ist ihre Zahl gegen früher geringer geworden."

Wer sagt's denn – die Zeiten bessern sich!

Touristen zu. Tradition? Vom Pfingsttag 1892 weiß Pastor *Bußmann* zu berichten, dass vier Teilnehmer beim Abendmahl zugegen waren: der Organist mit seiner Frau, seine Mutter – und er selbst.

Presse

Die gängigen Tageszeitungen und Wochenmagazine sind reichlich vertreten. Gut und unterhaltsam ist auch das **„Ostfriesland Magazin",** in dem insulare Belange häufig ihren Platz finden. Speziell über Langeoog informiert von April bis Oktober jeweils zum Monatsanfang (und zum Jahreswechsel) **„De Utkieker",** eine kleinformatige, aber durchaus inhaltsreiche „Broschur" mit aktuellen Auskünften aller Art und einer Vielzahl interessanter und oft lustiger Artikel mit insularem Bezug. Das Heft gibts gratis gegen Vorlage der Kurkarte.

Recht unterhaltsam zu lesen ist auch **„Uns Inselkark".** Die Wochenzeitung **„Langeoog News"** gibt es sowohl auf Papier als auch im Internet.

Die **Tagespresse** kann in der Spöölstuv (s.o.) eingesehen werden.

Sport

Allgemeines

Sport auf Langeoog beinhaltet **nichts Trendiges;** sämtliche Bewegungsabläufe sind kommoder Natur, ohne Fetz und Knall, wie es halt dem Charakter der Insel entspricht. Selbst Rollschuhfahren – Inline Skating zu deutsch – gibt dort keinen Lustgewinn ab, denn der allgegenwärtige Sand führt alsbald zu Verklemmungen. (Gerollt wird dennoch.) Halt – man ist doch trendig auf Langeoog! Indem man nämlich Nordic Walking betreibt. Überall kommen einem nordische Geher mit Skistöcken entgegen. Man kann, im Vertrauen, aber auch ohne die Dinger wandern, für die *Harald*

Schmidt mal furchtbar ätzendes Vokabular übrig hatte.

Im Sportpalast am Strand (Übergang Warmbadweg/Aquantis) befindet sich das sogenannte **Sportbüro.** Dort gibt es Informationen zum Sportprogramm, und man kann sich diverse einfache Gerätschaften ausleihen. Tel. 990064. Geöffnet 15.5.–15.9. Mo–Fr 8–17, Sa 8–12 Uhr. In der restlichen Jahreszeit ist Tel. 693-158 zuständig.

Angeln

Außerhalb der NSG, der Badestrände und des Hafens ist Angeln **in der Nordsee** überall erlaubt und ein „Schein" ist auch nicht erforderlich. Geangelt wird auf Aal, Dorsch, Grundhai, Knurrhahn, Makrele und Scholle. Auskunft für Angler gibt es über Tel. 693-122.

Angeln ist ebenfalls im **Teich des Sportfischervereins** Langeoog möglich, doch hier wird der

Sport wird großgeschrieben

Kleine Kinder, kleine Burg

Angelschein verlangt. Außerdem muss man eine Gastkarte kaufen. Tageskarte: 6,50 €, Wochenkarte: 31 €. Dafür gibts in dem über ein Sieltor mit dem Wattenmeer verbundenen Baggersee (zwischen Flugplatz und Seedeich) aber einiges zu haken: Forellen, Karpfen, Schleie, Weißfische und Zander. Info im Fahrradverleih Bollenberg, Gartenstr. 2; Tel. 288.

Badminton Im Sporthus (Haus der Insel; Anmeldung im Sportbüro). Gebühr: 5 €/Std., Schläger und Bälle kann man ausleihen.

Burgenbau Ist das Bauen von Sandschlössern ein „Sport"? Deutschlands Männer – weitaus weniger die Frauen – sind offenbar dieser Ansicht. Begeistert schaufeln sie drauflos, im Wettbewerb mit anderen Männern: Wer macht den größten Haufen?! Außerdem gilt es, sich vom Nachbarn abzuschotten und dem Rest des Strandvolks einen territorialen Anspruch klarzumachen, indem man sozusagen eine klotzige Duftmarke in den Sand setzt. Der Hang zum Burgenbau scheint dem Deutschen eigen zu sein; andere Nationalitäten machen sich wenig aus der Buddelei. Seelendokto-

Langeoogs Sandburgenverordnung

Im März 1998 machte die Gemeinde Langeoog den verhängnisvollen Fehler, eine „Sandburgenverordnung" zu erlassen. Maximal 5 m im Durchmesser und bis zu 50 cm hoch dürften die krümeligen Kastelle sein, verkündete das Inselrathaus. Darauf standen die Telefone in der Gemeindeverwaltung nicht mehr still. Journalisten aller möglichen Blätter wollten wissen, ob es den Verantwortlichen ernst mit der Sache war. Dabei ging es nur darum, die Strandkörbe nicht mit Sandwällen „einzumauern", stöhnt man im Gemeindebüro heute noch; überall sonst kann nach Herzenslust weitergebuddelt werden. Außerdem sei lediglich ein Richtwert vorgegeben worden, nie hätte man die Absicht gehabt, das Edikt zu enforcieren und etwa Bußgelder zu erheben. Zu spät – der Schaden war angerichtet. Ganz Deutschland lachte über den Ostfriesenwitz. Inzwischen hat man sich wieder beruhigt. Die Inselchronik wäre jedoch unvollständig ohne die Erwähnung dieser Schildbürgerei. Außerdem hat der Streich den Bekanntheitsgrad Langeoogs nur gefördert – auch was wert. An früherer Stelle im Buch war ja schon mal die Rede davon, wie pfiffig die Insulaner sind ...

ren vermuten sogar ein **psychopathologisches Syndrom** hinter diesem Drang, den unschuldigen Strand in ein Baugrundstück zu verwandeln. Wenn man's nicht mit der Planierraupe darf, dann zumindest mit Juniors Plastikförmchen. Hauptsache, es bewegt sich was – man kann die Ferien doch nicht tatenlos verbringen! Auf Langeoog stoßen die Bauherren jedoch an ihre Grenzen – siehe oben ... Aber das ist Schnee von gestern.

Drachensteigen

Lenkdrachen sind im Bereich des Bade- und Burgenstrandes (also auch am Sportstrand) aus Sicherheitsgründen nicht zugelassen. In allen Teilen der Naturschutzgebiete darf man ebenfalls nicht mit den Flugapparaten hantieren. Explizit erlaubt sind sie auf einem kleinen Areal rechts vom **Surf-**

strand. Wer Drachen steigen lässt, hat jedoch keine „Vorfahrtsrechte" nach dem Motto: Aus dem Weg, hier komm' ich! Man bemühe sich, wenn man schon außerstande ist, auf diesen „Sport" zu verzichten, anderen – auch vermeintlich „ausweichpflichtigen" – Strandläufern solch ein Gerät nicht vor den Kopf knallen zu lassen.

Fußball

Bälle und Torstangen für Spiele am Sportstrand kann man sich im Sportbüro ausleihen. Bei Niedrigwasser eignet sich der Strand ausgezeichnet zum Bolzen, bei Hochwasser (weicher Sand) weniger. „Fußballferienschule": Info Tel. 02161-5494650. Es gibt sogar „Beach Soccer"-Turniere, und zum Meister hat es Langeoog auch schon mal gebracht!

Golf

Der naturbelassene 9-Loch-Spiel- und Übungsplatz „An't Diek" (beim Flugplatz) existiert noch nicht lange. Er kann nach Vereinbarung mit dem Golfclub Langeoog gegen Zahlung einer „Greenfee" genutzt werden. Info: *Anselm Prester,* Tel. 6371, Fax 1646; Club-Büro, Tel. 990246.

Der Name des Cafés „Golfstuben" (Hafenstr. 30) führt einen ein wenig in die Irre. Dort findet man aber eine Minigolfbahn, immerhin.

Reiten

„Das höchste Glück der Erde
liegt auf dem Rücken, besonders der Pferde."

Was an diesem (leicht abgewandelten Reiterspruch) dran ist, lässt sich auf Langeoog an zwei Stellen ergründen:

●**Reithalle Edzard Kuper,**
Süderdünenring 1, Tel. 6269, Fax 1828. Meister *Kuper,* von der Seefahrt zur Reiterei umgesattelt, bietet die folgenden Programme:
Hallen-, Einzel- und Longenunterricht, sowie tägliche Ausritte in der Saison, für die etwa 14 € pro Stunde anzusetzen sind. Wer sein eigenes Pferd mitbringt, kann außerdem eine Box für das Ross mieten.
Außerdem arrangiert Kuper Unterkünfte in seinen Gästezimmern in der Barkhausenstraße (z.B. Reiterferien). Im Sommer finden Kutsch- und „Grillfahrten" statt, außerdem

Insel-Info A–Z

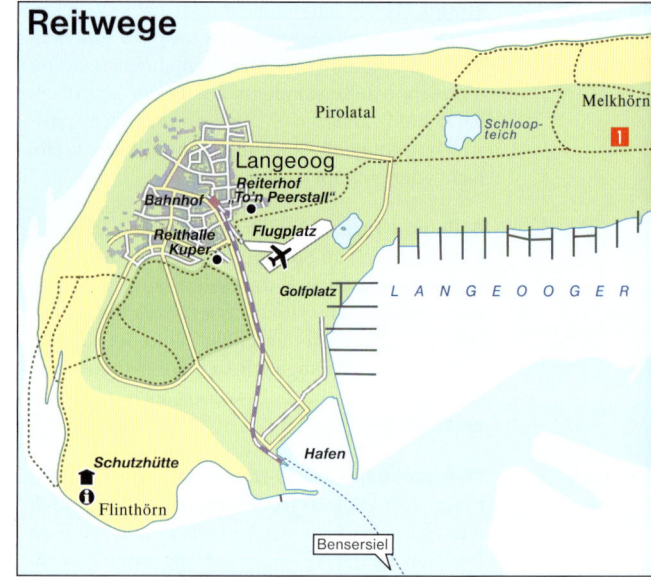

Reitwege

Pirolatal

Melkhörn

Schloop-teich

Langeoog

Reiterhof "To'n Peerstall"

Bahnhof

Reithalle Kuper

Flugplatz

Golfplatz

LANGEOOGER

Schutzhütte

Flinthörn

Hafen

Bensersiel

Vom Pferd gefallen – wer zahlt?

Das Kind ist also vom Ross gestürzt, und jetzt liegt es im Krankenhaus. Das kostet. Und Schmerzensgeld, der Sturz hat weh getan, ist auch fällig. Aber von wem? Da man weder das reitunkundige Kind noch die fahrlässig agierenden Eltern für den Unfall zur Rechenschaft ziehen darf (und das Pferd sowieso nicht), muss nach hiesiger Denkart jemand anders verantwortlich gemacht werden. Denn Schuld hat immer der andere. Der Reiterhof! Geht das?

Nein, das geht nicht. Es sei denn, dass Fehler bei der Auswahl oder Haltung des Pferdes nachgewiesen werden können, was man getrost vergessen darf. Wer reitet, lädt sich freiwillig ein gewisses Unfallrisiko auf, sagt der Gesetzgeber. Um ein solches Risiko kleinzuhalten, gehe man, was vor allem bei Kindern sinnvoll ist, tunlichst eine private Unfallversicherung ein, die auch bei Freizeit- und Sportunfällen zahlt. Oder aber drehe man der Vollkaskogesellschaft eine lange Nase, indem man mit Risiken zu leben lernt. Aber im Vertrauen: Die Reithöfe haben trotzdem eine Zusatzversicherung.

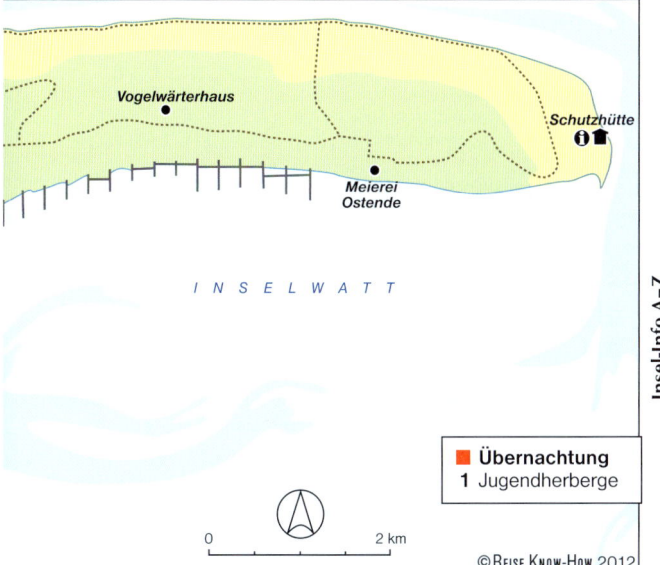

Vogelwärterhaus

Schutzhütte

Meierei
Ostende

I N S E L W A T T

■ Übernachtung
1 Jugendherberge

0   2 km

© REISE KNOW-HOW 2012

mehrstündige Ausritte bis zum Ostende der Insel. Lange-oog-Gästen wird im Winter die Möglichkeit geboten, ein Kuper-Pferd mit nach Hause zu nehmen. Es muss dort lediglich gut gepflegt, versorgt und gefüttert werden. Findig.

● **Reiterhof To'n Peerstall,**
Schniederdamm 8, Tel. 725, Fax 6778. Der Betrieb ist wegen seiner Zooatmosphäre besonders bei Eltern mit kleineren Kindern sehr populär. Außer Ponys und Pferden sind auf dem Hof noch Ziegen und Hunde zu bestaunen.

Der Hof arrangiert ebenfalls Reiterferien (für Jugendliche). Außerdem wird hier die volle Palette eines Großveranstalters geboten: Ausritte in verschiedene Richtungen (Wäldchen, Weststrand, DJH, Meierei/Ostende), Ponyritte für Kinder, Ponykutschfahrten (Selbstfahrt), Voltigieren, Longenübungen, Schnupperkurse und diverses anderes mehr. Im Sommer ist ganz schön Andrang auf dem Hof.

Preise

Ponyreiten für Kinder . . . . .13 €/Std.
Ponykutsche . . . . .23 €/Std.
Strandausritt (Erw.) . . . . .25 €/1½ Std.
Longenunterricht . . . . .15 €/25 Min.

Die Programme finden bei jeder Wetterlage statt.
Wer sich in ein Programm einklinken möchte,
sollte rechtzeitig Telefonverbindung aufnehmen.

Schwim-
men

Am meisten Spaß bereitet es natürlich im Meer,
dafür reist man ja auf die Insel. (Offizielle Badezeiten und weitere Details: siehe „Strände".) Wem die
Nordsee zu kalt oder zu rau ist, kann auf Langeoogs **Meerwasser-Erlebnisbad** im Kurzentrum
ausweichen. Dort brandet es in einem großen
Becken bei 28 °C, und in einem kleinen können
sich bei 30 °C vor allem Kinder in einer Flachwas-
serzone vergnügen. Angeschlossen ist auch eine
Sauna. Weitere Auskünfte über Tel. 693-240 oder
-241.

Öffnungszeiten in der HS

Hallenbad „Badewelt"
Mo . . . . .14–21 Uhr
Di–So . . . . .10–18 Uhr

Sauna „Landschaft"
Mo–Fr . . . . .14–20.30 Uhr
Sa/ So/ Feiertage . . . . .10–18 Uhr

Preise: Schwimmen 6 €/90 Min. (Kinder 6–15 J. 4 €).
Mit Kurkarte sind die ersten 90 Min. frei. Sauna 13 €/
4 Std, Tageskarte Sauna 15 €/2 Std. (VS 3 Std.).

Segeln

Seit 1998 gibt es eine (private) **Segelschule** auf
Langeoog. Angeboten werden: Kurse für Anfänger
und Fortgeschrittene, „Schnuppersegeln", Jüngs-
ten-, A-, BR- und Sportbootschein, BR-Wochen-
törn. Info: Segelschule Langeoog, Postfach 1423;

Tel. 6699, Fax 6611. Für Kurse mit staatlichen Prüfungen ist rechtzeitige Anmeldung erforderlich.

Strandgymnastik
Vom 15.5. bis 15.9. trifft man sich jeden Morgen unter Anleitung von Trainern zu Leibesübungen auf dem **Strandsportplatz.** Das Areal ist an einigen Sportgeräten erkenntlich. Kostenlose Geräte sind gegen Vorlage der LangeoogCard im „Sportpalast" auszuleihen.

Tennis
Das **Tenniscenter** am Kavalierpad ist ganzjährig geöffnet. Es hat zwei Hallenplätze (Teppichboden mit Gummigranulat) und drei Außenplätze (Kunstrasen mit Quarzsand). Anmeldung erforderlich. Info: Tel./Fax 1077. (In der Anlage kann man nicht nur Tennis spielen, sondern auch auf mehreren Trampolinen herumhüpfen.) Weitere Info: Olav. Baumgart@gmx.de

Tischtennis
In der VS und NS (Mitte März bis Ende Mai und ab Mitte September) im **Haus der Insel** (Saal 3). Im Sommer in der **Tischtennishalle** unterhalb des Restaurants Seekrug (Höhenpromenade/Inselhospiz); normalerweise zwischen 10 und 20 Uhr. Tischtennisbälle und -schläger können im Sportbüro oder -palast ausgeliehen werden (nur mit Kurkarte). Turniere im Juli oder August.

Wandern
Die autofreie Insel Langeoog eignet sich ideal für Wandertouren. Auch wenn es vielerorts Naturschutzgebiete und dann wieder Dünenareale gibt, die allesamt nicht betreten werden dürfen, reicht das bestehende (grün markierte) Wegenetz aus, sich viele Tage unter immer neuen Aspekten per pedes zu bewegen. **Von einem Inselende zum anderen** sind es etwa 14 km, die man zur Gänze am Nordseestrand entlang- und im Inselinnern wieder zurückwandern kann – ein ganz schöner Marsch. (Man bedenke immer, dass an den Endpunkten kein Bus steht, der einen wieder heimfährt. Mit

Insel-Info A–Z

Glück kann man sich aber in eine Kutschfahrt einklinken.) An den beiden Extrempunkten der Insel,
am Flinthörn im Südwesten und am äußersten
Ostende, stehen je eine **Schutzhütte der Natio-
nalparkverwaltung,** die von März bis Oktober
auch als Info-Stand dienen. Diese wurden im
Osten zu einer Beobachtungsplattform mit Fern-
rohr (kostenlos) erweitert, damit von dieser Warte
die dort häufigen Seehunde störungsfrei beäugt
werden können.

Wer es bescheidener mag, umrundet den Ort in
einer gemütlichen **Nachmittagstour,** legt im In-
selwäldchen ein paar Kilometer im Zickzack
zurück oder pilgert auf dem Deich ein knappes
Stündchen zum Hafen hinaus, um zu sehen, was
dort so los ist. Manche Leute wandern auch den
ganzen Tag am Badestrand hin und her, denn dort

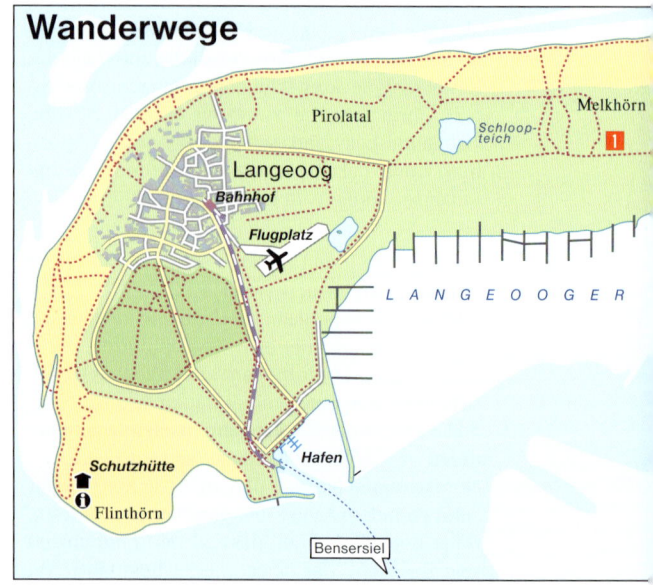

gibts – für jeden nach seiner Fasson – ja auch eine ganze Menge zu sehen. Besonders hübsch ist auch eine Wanderung durch das **Pirolatal** (siehe Karte) mit seiner urigen Vegetation.

Man sollte sich nicht zu lange Strandwanderungen vornehmen bzw. vor der Tour den **Tidekalender konsultieren** (oder eine alternative Binnenroute wählen). Bei Hochwasser gerät man oben am Strand nämlich oft in sehr weichen Sand, in dem das Vorwärtskommen mühsam ist. Bei Ebbe ist der Untergrund überwiegend hart und somit ideal für Fußmärsche. Es empfiehlt sich, und das gilt besonders für Kinder, so häufig wie möglich barfuß zu laufen. Schwere Wanderstiefel und gurkige Tennistreter sind am Strand völlig fehl am Platze, es sei denn, es ist Winter. Den Tidekalender gibt es gratis bei der Kurverwaltung.

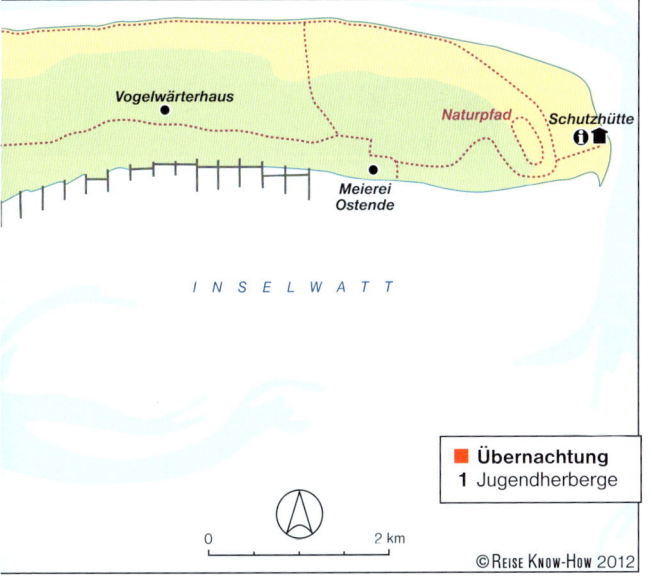

Vogelwärterhaus

Naturpfad   Schutzhütte

Meierei
Ostende

I N S E L W A T T

■ Übernachtung
1 Jugendherberge

0   2 km

© REISE KNOW-HOW 2012

Wind-surfen

Am Surfstrand (östliches Strandareal) kann man das Brettln lernen. Außerdem lassen sich Boards leihen (oder einlagern), der VDWS-Schein kann erworben werden und ein ereignisreicher Surftag wird auch mal mit einer Grillparty abgerundet.

Auch **Kiteboarding** ist auf Langeoog möglich. Das Zentrum dafür befindet sich unterhalb des Hundestrandes im Westen. Ein Grundkurs kostet 180 €. Windsurfen ist billiger.

Strände

Es ist angenehm, dass man auf Langeoog einen *Cordon sanitaire* in Gestalt eines **Dünengürtels zwischen Ort und Strand** gelassen hat. Vom Meeresufer aus hört und sieht man so gut wie nichts von Langeoog-Town und kann sich in Strandwildnis wähnen – nun, fast zumindest. Langeoogs Bade- und Burgenstrand, etwa zwei Kilometer lang, liegt direkt vor dem Ort. Man zielt am besten auf den Wasserturm, läuft rechts daran vorbei, und schon ist man am großen Teich.

Es gibt aber mehrere weitere **Zugänge.** Nur diese dürfen benutzt werden, um zum Strand zu gelangen – nicht über die verletzlichen Dünen trampeln! Vorsicht: Die Sandauflage auf den schrägen Bohlenwegen führt zu starker Rutschgefahr – lauter kleine Kugellager. Vorbereitet sein ist hilfreich.

Deichspaziergang

Surfausflug

**Strand-
körbe**

Zunächst gerät man in das große Areal der Strandkörbe, fast schon eine Kleinstadt für sich. Die Körbe werden von der Kurverwaltung **vermietet.** Bu-
chungen direkt am Strand (Service-Container, siehe Karte) oder im Service-Center Erlebnisbad. Für
eine Vorbestellung (nur bis vier Wochen vor Rei-
seantritt) kann man das Formular im Gastgeberverzeichnis benutzen oder online bestellen: www.
vorbestellung.langeoog.de. Eine Vorbestellung ist
grundsätzlich nur schriftlich in Verbindung mit der
LangeoogCard inkl. Kurbeitrag möglich.

Die Zuteilung vorbestellter Körbe erfolgt direkt
am Strand (bis 15 Uhr). Es empfiehlt sich, einen
Korb für den gesamten Aufenthalt zu reservieren,
weil Verlängerungen später oft nicht möglich sind.
(Die Wärter in den Kabäuschen am Strand wissen
aber, wann ein Korb frei wird, und man kann dann
gleich zuschlagen.) Wer **vorzeitig abreisen** muss,
erhält sein Geld zurück.

Die **Strandkorbmiete** staffelt sich wie folgt:

Preise pro Tag:	HS	VS und NS
● 1–3 Tage	8 €	7 €
● 4–6 Tage	7,50 €	6 €
● 7–12 Tage	7,20 €	5,50 €
● ab 13 Tage	6,80 €	4,50 €
Bei Vorbestellung bis zum 15.5. gibt es 7% Rabatt.		

15/8a Foto: rh

Sorge bereitet der Verwaltung der **Missbrauch ihrer Strandkörbe** für nächtliche Orgien mit entsprechender Zugemülltheit. Fühlbarer noch ist der Vandalismus, der mit dem 450 Euro teuren Gestühl getrieben wird. Alljährlich müssen bis zu 200 Körbe aus dem Verkehr gezogen werden, an denen sich Übeltäter mit Feuerzeugen und Taschenmessern versucht hatten. Langeweile, Spielerei, Übermut sind am Werk, argwöhnt die Kurverwaltung. Das wird's wohl sein. Für manche Inselbesucher ist Strandkorbzündeln mangels aufregenderer Tätigkeiten halt *cool*.

Flaggen am Strand Folgende Signale sollte jeder Badende kennen:

 Station besetzt

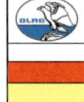 Strand bewacht, keine Gefahr

 Baden für Kinder und schwache Schwimmer gefährlich (auch ohne rot-gelb-Flagge)

 Baden gefährlich - verboten

Amtliche Badesaison Die amtliche Badesaison, in der die **Strandwacht- türme besetzt** sind (Signale: s.o.), ist vom 15.5. bis 30.9. Der sogenannte Badekalender, ein in allen Einrichtungen der Kurverwaltung erhältliches Pa- pier, listet die täglichen Badezeiten penibel auf. Heute zum Beispiel darf man offiziell nur von 14 bis 15 Uhr und nächste Woche von 17 bis 18 Uhr ins Wasser. Wer seine Badefreuden nicht regle- mentieren (und auf eine einzige Tagesstunde zu- sammenstreichen) lassen möchte, kann natürlich auch zu jeder anderen Zeit in die See springen. Er oder sie tut's dann eben nur „auf eigene Gefahr".

Dies gilt ebenfalls für alle Strände außerhalb der ausgewiesenen. *Verbieten* kann man das Baden niemandem. Die ganztägig besetzten Strandwachttürme weisen mit Signalen auf verschiedene Situationen hin.

FKK

Langeoog besitzt **kein spezielles Areal** für Nackedeis. Freunde des Lichtkleides legen zumeist auf den 2–3 km östlich des Ortes gelegenen Strandabschnitten ihre Textilien ab. Niemand nimmt Anstoß daran; leicht bekleidetes und nacktes Volk mischt sich hier reibungslos.

Rauchen am Strand

Vor einiger Zeit wollte die Langeooger Kurverwaltung **raucherfreie Zonen** am Strand einrichten; im 1998er Verzeichnis waren sie auch schon abgedruckt. Doch der Gemeinderat zog nicht mit. Unter den Eingeborenen befinden sich überhaupt erstaunlich viele Raucher. „Wegen dem Stress", sagen sie. (Auf der erholsamen Urlaubsinsel?) Weil überall Kleinmüll in Gestalt von **Filterkippen** herumliegt – manche Areale sind geradezu übersät mit ihnen, was den Naturgenuss ein wenig trübt – verkauft die Kurverwaltung Aschendosen aus Blech (1,50 €). Wie viele Raucher es (noch) gibt, erweist die Beliebtheit der nach einigem Gebrauch schwer miefenden Ascher: Sie werden zu Tausenden verkauft!

Inzwischen ist mit der Einrichtung von drei Strandarealen für Nichtraucher immerhin ein Anfang gemacht worden (siehe Karte auf der vorderen Umschlagklappe).

Surfstrand

In der östlichen Verlängerung des Badestrandes. Man sieht dort einen **Stapel Boards** (und des Öfteren auch Surfer auf dem Wasser) und weiß dann, dass man an der richtigen Stelle ist. Gesurft wird von Mai bis September.

Surfer müssen 100 m Abstand zu den Badestränden halten.

Gefahr im Verzug

● Im Allgemeinen sind Langeoogs Strände flach und deshalb durchaus sicher. Zu einem (kleinen) Problem hat sich in jüngster Zeit die **Sandbank** entwickelt, die am westlichen Hauptstrand immer größer wird und die ein ansehnlicher Priel bei Hochwasser vom Land trennt. Es kommt nicht selten vor, dass Spaziergänger am Ufersaum sich bei Flut plötzlich auf einer Sandinsel finden und den randvollen Priel nicht mehr überqueren können, entweder weil sie Nichtschwimmer sind oder weil es zu kalt ist. Am besten ist man auf diese Gefahr vorbereitet, indem man die Verhältnisse beobachtet und dem steigenden Wasser aus dem Weg geht. Im Ernstfall sollte man nicht zögern, die Rettungswacht oder andere Strandgänger rechtzeitig auf sich aufmerksam zu machen. Befinden sich Kinder auf der Sandbank, ist immer von einer Notlage auszugehen und für eine „Abbergung" zu sorgen.

D35a Foto: rh

●Um nach **verloren gegangenen Kindern** Ausschau zu halten, laufe man nicht ziellos umher, sondern klettere auf einen der Strandwachttürme – auch wenn sich keine Rettungsschwimmer auf ihm aufhalten. Von oben hat man natürlich einen weitaus besseren Rundblick. Außerdem kann man bei der Kurverwaltung kostenlose Namensarmbänder für Kleinkinder besorgen.

●**Quallen:** Am Strand sieht man sie oft in großen Zahlen angetrieben, die glibbrigen Nesseltiere, die auf dem Trockenen ihr bisschen Leben spontan aushauchen. Wer aus Versehen auf sie tritt, nimmt keinen Schaden. In der See sind einige (keineswegs ständig präsente) Arten von Quallen jedoch unangenehm. Wenn es im Wasser brennt und zwickt, hat man wahrscheinlich eine berührt. Man sollte sich dann flugs aufs Trockene begeben.

Vor der Sandbank

Hier sind Surfer richtig

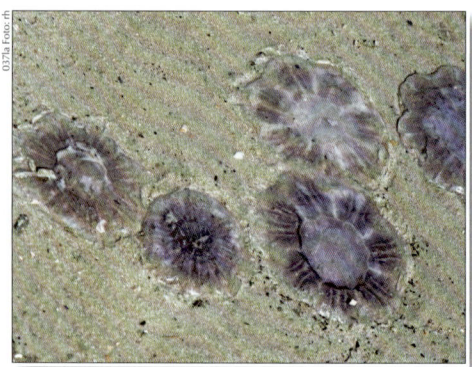

Die betroffenen Hautstellen *nicht* abrubbeln, sondern möglichst mit Essig behandeln (Die Empfehlung der DLRG – „Rasierschaum" – vergesse man getrost). Notfalls Pipi. Gut ist auch eine sehr heiße Dusche. Manche Menschen reagieren allergisch auf Quallenkontakt, beginnen zu schwellen und zu fiebern. Abhilfe schaffen Antihistamine; umgehende medizinische Assistenz ist in diesen Fällen zu suchen. Wer Angst vor Quallen hat, der creme sich dick mit Sonnenöl ein.

●**Seegang:** Bei kräftiger Brandung macht das Baden in der See den größten Spaß. Schwache Schwimmer sind dann aber auch am stärksten gefährdet. Der Grund: Das Mischelement aus Wasser und Luftblasen ist weniger tragfähig als unbewegtes Wasser und ein Schwimmer muss mehr Energie aufbringen, um sich an der Oberfläche zu halten, ermüdet mithin schneller. Wer nicht viel Reserve hat, gerät dann leicht in Schwierigkeiten. Die rote Flagge warnt vor starker Brandung.

Gestrandete Quallen

Vorsicht, hohe Brandung!

●**Strömung:** Der Ebbstrom nimmt stattliche Geschwindigkeiten an; Gegenanschwimmen ist zwecklos und hat nur Kräfteschwund und rasche Erschöpfung zur Folge. Besonders stark sind die Strömungen in den Rinnen zwischen den Inseln. Mutproben wie das Durchschwimmen der Accumer Ee (im Westen, nach Baltrum) oder Otzumer Balje (im Osten, nach Spiekeroog) sollten sich Kraftmeier verkneifen, um die Rettungskreuzer der DGzRS nicht unnötig zu strapazieren.

●**Unterkühlung:** Wer vor Kälte blau anläuft, darf nicht durch Bewegung weitere Wärme verlieren. Dick einmummeln, möglichst bald eine heiße Dusche. *Kein Alkohol* (auch kein heißer Grog). Alkoholgenuss führt zu weiterem Wärmeverlust.

Man unterschätze nicht den Wärmeentzug durch das – auch im Sommer – recht kalte Wasser der Nordsee! Wen die Strömung auf die offene See hinausträgt, hat bei Wassertemperaturen von 15 °C eine maximale Überlebenszeit von 6 Stunden ...

●**Wadenkrampf im Wasser:** Das verkrampfte Bein in Rückenlage lang ausstrecken, die große Zehe mit der Hand nach oben ziehen. Der Krampf löst sich dann augenblicklich. Das Wasser verlassen, ausruhen.

Insel-Info A–Z

O3ßLa Foto: rh

„Wahnsinnsfotos" vom Strand

Mit einer guten Kamera und ein wenig Kenntnis lassen sich am ödesten Strand Bilder produzieren, die Ihnen Staunen abverlangen werden. Durchaus möglich, dass Sie sich diese Bilder zu Postern vergrößern lassen und Ihr Domizil damit schmücken möchten.

Stellen Sie Ihre Kamera – vorzugsweise eine Spiegelreflex mit etwa 100 mm Brennweite – auf nicht mehr als 100 ISO. Richten Sie sie auf den **nassen Sand, den soeben eine Welle überspült hatte.** Satte Sonne, direkt von oben, ist ein Muss, sonst geht's nicht. Auch achte man darauf, keinen Schatten auf das Motiv zu werfen. Jetzt kommt der Moment, da nur noch ein, zwei Millimeter Wasser über den Sand streichen – und schon entstehen die ersten wunderlichen Figuren, menschliche Gestalten gar. Abdrücken! Doch keine Hast. Die nächste Welle kommt bestimmt und sorgt für völlig neue Bilder.

Weiter oben am Strand, wo der Sand nur dünn benetzt wird, ergeben sich Motive anderer Art. Ein paar Sekunden liegt der Sand als nasse, homogene Ebene da, keines Bildes wert. Doch plötzlich erfolgt eine **jähe Absorption der Feuchtigkeit.** In der Kamera sieht es aus, als wenn sich etwas rasch zusammenzieht. Und nun, Augenblicke, bevor die Fläche wieder in Leblosigkeit verfällt, strahlt und blitzt jedes einzelne Sandkorn auf, entstehen Erscheinungen von wundersamer Pracht: Funkelnde Diademe, Bilder von fernen Sternen. Schnell jetzt! Sowie der Sand wieder halbwegs trocken ist, gibt er nichts mehr her. Doch auch hier schafft der nächste Wellenschlag sichere Abhilfe.

Das Glitzern und Gleißen von tausend Miniaturbrillanten regelt eine automatische Kamera dicht. Das heißt, die Blende reagiert auf die Sonnenflut mit Unterbelichtung; auf dem Bild ist dann so gut wie nichts zu sehen. Wenn man manuell einstellt, ist aufgrund der extremen Verhältnisse viel Ratespiel erforderlich. Am einfachsten geht's mit der Automatik, die man aber beschummeln muss, indem man sie ein bis zwei Stopps überbelichtet. Dann bleibt das Geglitzer, und alles andere wird – auch auf dem Farbbild – tiefschwarz.

Ein Wort der **Warnung** allerdings. Durch das Erspähen immer neuer, immer fantastischerer Motive wird das Aufnehmen dieser Art von Bildern zur Manie. Kameramann und -frau knipsen und knipsen und vergessen die Welt um sich her. Dann ist der Chip voll, und der nächste muss ran. Und dann erweist sich, dass selbst die Sandbrillanten teuer sein können ...

Unterhaltung

**Allge-
meines**

Unter dieser Rubrik muss vorausgeschickt werden, dass mit Geräusch verbundenes Entertainment auf Langeoog strikt in geschlossenen Räumen stattzufinden hat. Die Selbstdarstellung mit Ghettoblastern und anderen **Lärmgeräten** ist im Freien (sowohl im Ort als auch an den Stränden) untersagt. Viele Menschen reisen auf die Inseln, um endlich einmal Abstand zu den zahllosen Lärmquellen unserer Zivilisation zu gewinnen, die uns bereits eine Vielzahl von Gesundheitsschäden eingebrockt haben. Sie möchten am Ziel ihrer Reise einen „Ohrlaub" verbringen und nicht mit neuerlichem Gebummer konfrontiert werden – wofür man als Lärmfreak Verständnis aufbringen sollte. Wer nicht ohne Dezibel auszukommen vermag, findet selbige in garantiert betäubender Fülle in der **Disco Oase** – siehe „Tanzen".

Eine **Veranstaltungsübersicht** geben die Info-Broschüre „De Utkieker" und verschiedene Aushänge im Ort.

Büchereien

Es gibt gleich drei auf Langeoog. Die Öffnungszeiten beziehen sich auf die HS. Außerhalb der Saison: siehe Aushänge.

- **Öffentliche Vertrauensbücherei** in der Spöölstuv am Kavalierpad. Geöffnet Mo, und Fr 9–18 Uhr.
- **Öffentliche Kinderbücherei/Familienbibliothek** im Pfarramt gegenüber der kath. Kirche. Geöffnet Mi 16–17 Uhr, Fr 10–11 Uhr und So 18–19 Uhr.
- **Vertrauensbibliothek im „Beiboot"** (Haus der Kirchengemeinde, Vangerowpad). Geöffnet täglich 10–15 Uhr.
- **Kaufen** kann man Literatur in der Buchhandlung Krebs (unter dem Wasserturm) und kann dort mit freundlichstem Service rechnen.

Chöre

Im Haus der Insel wird von März bis Oktober zumeist an Montagen um 20.15 Uhr vor allem „Seemännisches" gesungen. Protagonisten sind der

Insel-Info A–Z

Langeoog-Chor **„De Likedeeler"** und der Shanty-Chor **„De Flinthörners".** Manchmal auch bunte Abende mit viel Klamauk. Eintritt um 3 €.

Dünen-singen

In der HS jeden Di um 20 Uhr im **Dünental** zwischen Hauptbad und Wasserturm. Mit Akkordeonbegleitung. Kostenlos und sehr populär.

Inselfest

„Dörpfest" gegen Ende der HS.

Kino

●**Lichtspiele:** Am Hospizplatz, Tel. 92250. Programme sind draußen angeschlagen. Dazu gehören ein Bistro *(Windfang)* und ein Restaurant *(Windlicht)*, www.windlicht-langeoog.de.

Tanzen

●**Disco:** *Oase*, Kavalierpad 11, Tel. 682697. Action vom frühen Abend bis in die Morgenstunden (Mo–Do bis 2 Uhr, Fr–Sa bis 3 Uhr). Im Juli auch Krönung von Miss und Mr. Langeoog, ein höchst populäres „Event".
●Auch in *Düne 13* und *Café Leiß* (s.o.) kann man ein Tänzchen wagen.

Theater

Die **Inselbühne Langeoog** tritt von März bis Oktober jeden 2. Do um 20.15 Uhr im Haus der Insel auf. Vorverkauf im Getränkeshop *Schmidt* (Barkhausenstraße) und im Inselcenter.

Vorträge

Diese Programme finden durchweg von März bis Oktober um 20 Uhr im Haus der Insel statt; Termine im Aushang. Die DGzRS führt **Filme** vor, **Bildvorträge** behandeln Themen wie „Insel für Anfänger", „Lebensraum Wattenmeer", „Langeooger Salzwiesen", Sturmfluten und Kreuzfahrtschiffe. Manche Vorträge sind eintrittspflichtig (3–4 €), und bei anderen genügt die Vorlage der LangeoogCard.

Unterkunft

Allgemeines

Die Preise für die Unterkünfte gliedern sich saisonell auf. Die jeweilige Sommer- oder Haupt-/ Hoch-, Zwischen- und Nachsaison („übrige Zeit") entspricht der unter „Kurtaxe" (siehe dort) verzeichneten Einteilung. Manche Vermieter halten sich nicht an die vorgegebenen Saisonzeiten, was sich für den Mieter günstig (oder auch nicht) auswirken kann. Man achte darauf.

„Strandnähe" sollte auf Langeoog kein unbedingt verteuerndes Kriterium sein. *Alles* ist dort strandnah; einen maximalen Kilometer kann man schon mal zu Fuß gehen, vorausgesetzt, man ist gesund. (Umgekehrt hat „zentrale Lage" ebenfalls keinerlei erkennbare Vorzüge.)

Preise (in Euro):		Komfortkategorien:	
Symbol	Preise	Symbol	Kategorie
€	bis 30	*	1-Sterne-Hotel
€€	30–50	**	2-Sterne-Hotel
€€€	50–70	***	3-Sterne-Hotel
€€€€	70–100	****	4-Sterne-Hotel
€€€€€	>100		

Preise pro Person im DZ

Hotels

Generell sind jahreszeitliche Preisabstufungen bei
Hotels relativ gering. Sie machen von der HS zur
ZS und NS jeweils etwa 10 Prozent aus.

**Mehr-
sterner**

●**Achter't Diek*****/€€€
Süderdünenring 47. Tel. 91190, Fax 911910, www.achtert
diek.de. „Apart-Hotel", in dem die Vorzüge von Fewos mit
klassischem Hotelservice kombiniert werden. Ruhige
Randlage.
●**Brandaris** (Hotel-Garni)***/€€€
Um Süd 28–30. Tel. 6890, Fax 68989, www.hotel-branda
ris.de. Die zwei Klinkerhäuser sehen gar nicht nach einem
Dreisterner aus, aber innen sind sie oho. Außerdem raucht
man im Brandaris nicht und ist seniorenfreundlich.
●**Flörke*****/€€€ garni.
Hauptstr. 17. Tel. 92200, Fax 1690, www.hotel-floerke.de.
Alteingesessenes Hotel mit zentraler Lage. Geöffnet Mitte
März bis November. Angeschlossen: „Haus Holiday", Ap-
partements in ruhiger Sackgasse. Sonderarrangements.
●**Insel-Hotel Kröger*****/€€€ superior
Barkhausenstr. 2. Tel. 96970 (Hotline 969798), Fax 969788,
www.insel-hotel-kroeger.de. „Komfort-Hotel mit neuen Bä-
dern", auch medizinischen. Appartements mit Meerblick.
Pauschale Sonderarrangements.
●**Kolb******/€€€ Inselchalets vis à vis.
Barkhausenstr. 32. Tel. 91040, Fax 910490, www.hotel-
kolb.de. Elegantes Haus in ruhiger Ortslage. Hier geht's un-
ter anderem um „Wellness" und Schönheit. Diverse Son-
derarrangements, auch für Kinder.
●**Langeooger Inselzeiten******/€€€€ garni.
Kirchstr. 1, Tel. 682990, Fax 1690, www.langeooger-insel

zeiten.de. Neubau in zentraler Lage, mit dem Hotel *Flörke* verbunden.

● **Norderriff******/€€€€ garni.
Willrath-Dreesen-Straße 25, Tel. 09698-0, Fax 969850, www.hotel-norderriff.de. Elegante DZ, individuelle Suiten und große Lofts.

● **Nordseehotel Kröger*****/€€ Superior.
Hauptstr. 38. Tel. 6860, Fax 878, www.nordseehotel-kroe ger.de. Das einstige Upstalsboom. Zentral gelegen, trotzdem nur ein Hupf zum Strand.

● **Strandeck*****/€€€
Kavalierpad 2. Tel. 6880, Fax 688222, www.strandeck.de. Ruhig, gemütlich, komfortabel – das sind die primären Adjektive für dieses Hotel. Kinderermäßigung.

Solide Mittelklasse

● **Aquantis am Strand**€€€
Warmbadweg 2. Tel. 6990, Fax 699800, www.aquantis.de. Appartements und Suiten (teilweise mit Meerblick): „Ferienanlage der gehobenen Kategorie". Auch Fewos (Suiten) für bis zu 6 Personen.

● **Flair-Suiten-Hotel „mare"******/€€€garni
Kiebitzweg 8. Tel. 92260, Fax 922644, www.suiten-hotel-mare.de. Suiten, wie der Name schon sagt, aber dafür recht preiswert.

● **Fährschiff/Feuerschiff**€€€
Hauptstr. 9 und Friesenstr. 1–5. Tel. 6970/6970, Fax 69797, www.feuerschiff-langeoog.de. Appartement-Hotels. Großzügige Anlagen. Animation für Kinder und Erwachsene.

● **La Villa**€€€€
Vosmann-Otten-Weg 12, Tel. 777, Fax 1390, www.hotel-la-villa.de. Suiten und DZ, im Ganzen neun. Sogar ein hoteleigenes Putting-Green gibt es hier.

● **Logierhuis Langeoog**€€€€
Mittelstr. 10, Tel./Fax 91190, www.logierhus-langeoog.de. Nach ökologischen und baubiologischen Gesichtspunkten errichtetes Haus mit „grünem" Ambiente.

Pensionen mit und ohne Frühstück

Es gibt eine erhebliche Anzahl von Unterkünften dieser Kategorie, die zum großen Teil ganzjährig geöffnet sind. Einige schließen Küchenbenutzungen mit ein und sind damit die wirtschaftlichsten Unterbringungen auf der Insel.

Die **Preise** für diese Herbergen beginnen bei 16 € (Sedlatschek, Lerchenweg 4, Tel. 562), mit Frühstück und Küchenbenutzung, erreichen ein Mittelfeld von 30 € und nehmen letztlich ein Maximum von über 40 € an. Jahreszeitliche Preisun-

Unterkunft

Sportstrand
(Nichtraucher)

Hospiz pad

Warmbadweg

Kavalierpad

Kurstraße

Strand-
abschnitt
Tagesgäste

Zum Hauptbad

Westerpad

Freizeitheim
Bethanien

Jugendheim
OWD Gartenstraße

Barkhausenstraße

Nichtraucher-
strand

Hohenpromenade

7

An der Kaapdüne

Rud.

8

Hauptstraße

Rathaus

9

Eucken-Weg

Brandgünenweg

Kirchstraße

10

11

Kirchpad

Koryrpad

Kirchpad

Mittelstraße

12

Hundestrand

Am Blumental

Hunpad

Jus. Schreu-Str.

Friesenstraße

Friesen-

Jugendheim
OWD Friesenstraße

15

Schullandheim
Kajüte

Strandjepad

Kurheim
Möwennest

Abke-Jansen-Weg

Kirchstraße

Süderdünenring

16

Kinderkurstraße

Kielerweg

Seniorenheim
„bliev hier"

Am Wald

Störtebekerstraße

Kurheim
Dünenheim

Kurheim
Haus
Sonnenschein

0   300 m

© REISE KNOW-HOW 2012

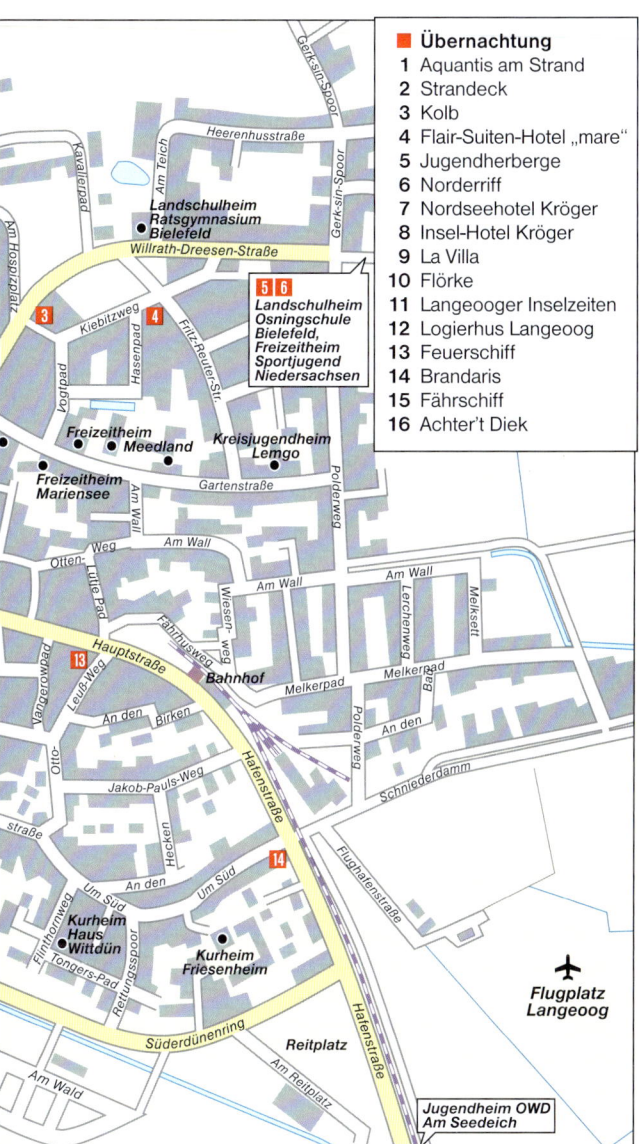

■ **Übernachtung**
1 Aquantis am Strand
2 Strandeck
3 Kolb
4 Flair-Suiten-Hotel „mare"
5 Jugendherberge
6 Norderriff
7 Nordseehotel Kröger
8 Insel-Hotel Kröger
9 La Villa
10 Flörke
11 Langeooger Inselzeiten
12 Logierhus Langeoog
13 Feuerschiff
14 Brandaris
15 Fährschiff
16 Achter't Diek

terschiede machen die meisten Häuser nicht. Nur in einigen Fällen wird ein saisoneller Rabatt gewährt, der dann bei etwa 10 Prozent liegt.

Man achte auch etwas auf die **Randbemerkungen.** Sie enthalten nichts Heimtückisches, weisen aber auf unerwünschte Haustiere, nicht geduldete Raucher, kleine Annehmlichkeiten wie Telefon mit Zähler oder Leihräder und (ganz normale) Zuschläge für Kurzübernachtungen hin.

Gäste-zimmer

Gästezimmer im traditionellen Sinn gibt es auf Langeoog leider **keine mehr.** Sie sind zum Teil aber lediglich in „Pensionen" umbenannt worden.

Ferienwoh-nungen/ -häuser

Diese Kategorie macht die **große Masse der angebotenen Herbergen** aus. Hier gibt es auch die größten saisonellen Preisunterschiede, die von der HS zur ZS bis zu 30 und zur NS bis zu 50 Prozent ausmachen. Je nach Haustyp, Größe der Einheit und Standard der Einrichtung variieren die **Preise** stark. „Bi hüm un hör" (*Recker*, Tel. 895, Fax 1028), was ohnehin schon recht einladend klingt, gibts schon was ab 30 €. Anderswo werden fast 200 Euro erreicht. Man muss bei Ferienwohnungen natürlich den Preis pro Einheit mit der unterzubringenden Personenzahl in eine Relation bringen. Dieserart kommt man auch bei teuer klingenden Häusern mitunter auf einen ganz guten Schnitt.

Bei Fewos empfiehlt es sich auch ganz besonders, zuerst einen Blick in die Gastgeberliste zu werfen, in der die **Häuser abgebildet** sind. Die meisten, vor allem die älteren, sehen ganz anheimelnd aus, ein paar sind aber wahre Inbegriffe schlechten Baugeschmacks.

Freizeit-heime und -lager

- **Ev. Freizeitheim Mariensee,** Gartenstr. 6, Tel. 405, Fax 433.
- **Haus Bethanien,** Barkhausenstr. 33, Tel. 6910, Fax 691109.
- **Haus Meedland,** Gartenstr. 3–11, Tel. 92220, Fax 922222.
- **Sportjugend Niedersachsen e.V.,** Domäne Melkhörn (neben der JH), Tel. 422, Fax 1216.

Jugend-
heime

OWD-Heime, Inh. *Jörg Janssen:* Der Ostfriesische Werbe-Dienst OWD besitzt auf Langeoog drei Heime, die außerhalb der Ferienzeit von Schulklassen und während der Ferien von Sportvereinen belegt werden können:

- **OWD Am Seedeich,** Tel. 445.
- **OWD Friesenstr. 35,** Tel. 6113.
- **OWD Gartenstr. 4,** Tel. 283.

Jugend-
herberge

Die JH Langeoog€ („Domäne Melkhörn"; Tel. 276, Fax 6694) liegt fast genau in der geografischen **Inselmitte** etwa 4 km östlich des Ortes. Zum Nordseestrand sind es, über ein paar Dünen hinweg, nur wenige Gehminuten.

Das **Haus** ist eine alte Meierei aus dem Jahre 1923 und steht unter Denkmalschutz. In ihm befinden sich neun 8- bis 20-Bettzimmer, vier sogenannte Leiterzimmer mit je vier Betten und zwei Tagesräume. Spezielle Einrichtungen für Familien und Rollstuhlfahrer gibt es nicht. Die JH ist ein konsequentes Nichtraucherhaus. Angeschlossen sind ein Zeltplatz (s.u.) und ein Grill- und Lagerfeuerplatz mit einigen Sportmöglichkeiten. Sehr gut und beispielhaft: Auf grelle Außenbeleuchtung hat man grundsätzlich verzichtet; die JH-Gäste sollen den Sternenhimmel genießen und keine Straßenlaternen. (Ein bemerkenswerter Einzelfall, wie ich ihn auf langen Reisen kaum einmal sehe. Warum muss überall diese ärgerliche Lichtflut schwappen, gegen die nur ein mühsames Verhängen der Fenster hilft?)

Wie in allen Inselherbergen ist eine Unterbringung nur auf **Vollpensionsbasis** möglich. Wer Tagestouren unternimmt, kann sich belegte Brote mitgeben lassen. Mitgebrachte Lebensmittel und Getränke dürfen in der JH nicht sichtbar verzehrt werden.

Ohne eigene Bettwäsche (oder einen anerkannten JH-Schlafsack) muss man für das gestellte **Bettzeug** extra bezahlen.

An den **JH-Ausweis** denken!

Insel-Info A–Z

Schriftliche Bestätigung der **Anmeldung** ist (nach vorangegangenem Anruf) erforderlich. Wer auf gut Glück anreist, läuft erhebliche Gefahr, auf ein volles Haus zu stoßen und abgewiesen zu werden. Der Belegungsstatus der JH lässt sich auch über die Zentrale in Bremen erfragen: Tel. 0421-504206 oder über E-Mail: jh.langeoog@djh-unterweserems.de.

Die JH ist von Oktober bis März geschlossen. Die genauen Termine der **Öffnungszeiten** (die von Jahr zu Jahr etwas variieren) erfährt man von den Bremern.

Jugendherberge Melkhörn

Am besten geht's am Strand entlang

Wie kommt man hin? Am besten am Strand lang, obwohl dafür ein kleiner Umweg nötig und der Dünenübergang etwas schwer zu finden ist. Mit dem Leihrad (aus dem Ort) geht's etwas schneller. Man folgt der Willrath-Dreesen-Straße – immer geradeaus (was sich natürlich auch zu Fuß machen lässt).

Land-schulheime

- **Kreisjugendheim Lemgo,** Gartenstr. 21, Tel. 892.
- **Heim des Ratsgymnasiums Bielefeld,** Willrath-Dreesen-Str. 9, Tel. 338.
- **Schullandheim Kajüte,** Strandjepad 4, Tel. 324.
- **Verein Osningschule Bielefeld,** Meierei Ostende, Tel. 346, Fax 1712.

Foto: rh

Insel-Info A–Z

Kur-heime

Auf Langeoog gibt es mehrere Mutter-Kind-Heime (in der folgenden Aufzählung abgekürzt mit MK). Belegung durch Arbeiterwohlfahrt (AWO), Caritas-Verband (CV), Deutsches Rotes Kreuz (DRK) und Innere Mission (IM).

- **Dünenheim** (DRK), Süderdünenring 59, Tel. 91990.
- **Friesenheim** (MK, AWO), Um Süd 18, Tel. 9150, Fax 915100.
- **Haus Sonnenschein** (MK, CV), Süderdünenring 61, Tel. 6870, Fax 1594.
- **Haus Wittdün** (MK, CV), Johann-Tongers-Pad, Tel. 284 und 1530, Fax 1539.
- **Möwennest** (MK, AWO), Süderdünenring 53, Tel. 9160.

Alten- und Pflegeheim

Die neue **Seniorenwohnanlage „bliev hier"** am Wald (Störtebekerstr. 1, Tel. 9905171) bietet 18 Pflegeplätze und 17 betreute Wohnungen sowie Ferienwohnungen für Senioren (www.seewohnen.de) in einem geradezu luxuriösen Ambiente. Außer einer permanenten Belegung ist auch Kurzzeit- und Verhinderungspflege für ältere Menschen möglich, deren Versorgung in der eigenen Wohnung nicht dauerhaft sichergestellt werden kann. Dieses Angebot ist pro Person und Kalenderjahr begrenzt und wird bei einer Einstufung in eine Pflegephase von der Pflegekasse bezuschusst. Betreiber ist die Bürgerhilfe Langeoog e.V. (Tel. 990869, www.buergerhilfe.org).

Zelten

Es gibt nur einen einzigen Zeltplatz auf Langeoog, und das ist **derjenige der Jugendherberge.** Über selbige ist auch Kontakt aufzunehmen. Eine Belegung ist nur mit schriftlicher Zusage der JH möglich. Außerhalb dieses (nicht öffentlichen) Zeltplatzes ist Kampieren auf der ganzen Insel untersagt.

Benutzer des Zeltplatzes nehmen obligatorisch an der Vollpension der JH teil.

041la Foto: rh

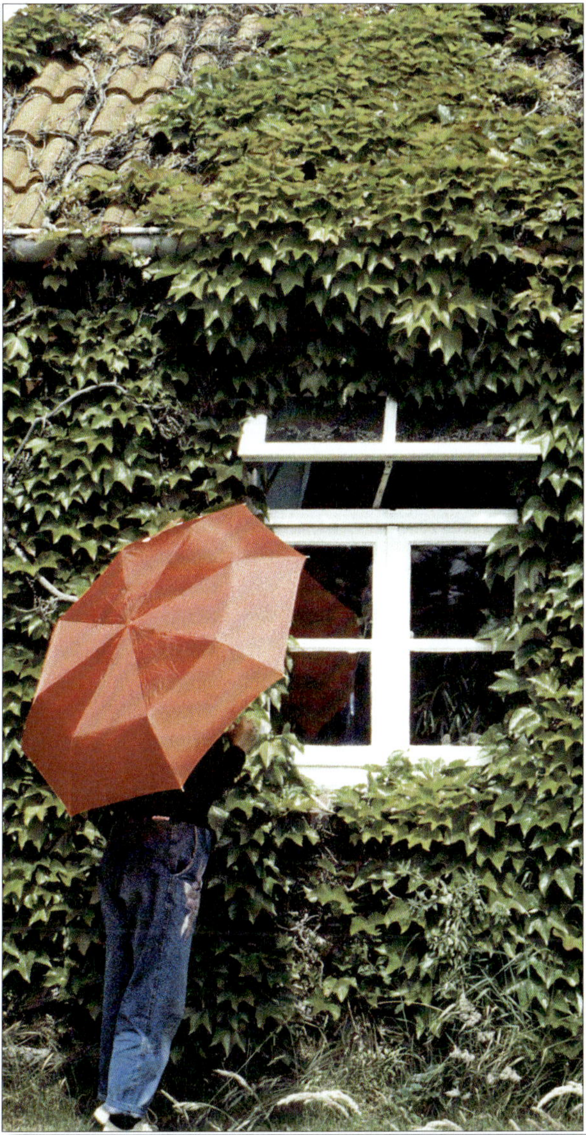

Sehenswertes

Sehenswertes

Maler Anselm

Oben auf der Höhenpromenade, jenseits des Wasserturms und nahe der alten Strandhalle, liegt das „Atelier am Meer". In ihm waltet einer der prominentesten Wahlostfriesen unserer Tage, nämlich der 1943 in Tegernsee gebürtige Kunstmaler **Anselm Prester.**

Schon als jungen Mann hatte es den Bayern (durch Heirat) auf die Insel verschlagen. Er stellte sich dort bald als Künstler auf eigene Beine und schwang sich im Lauf der Jahre zu einer insularen Kultfigur empor, die im Ostfriesischen Archipel ihresgleichen sucht. Und zwar nicht nur als berühmter Maler, sondern auch als Lehrmeister einer höchst eigenen **Malschule,** in der jedermann und -frau willkommen ist und (gegen einen Obolus) zum Künstler mutieren kann. Das Atelier am Meer genießt ansehnlichen Zuspruch. Eleven im Alter von 6 bis über 90 Jahre haben an Anselms Kursen teilgenommen, und einige haben dort verborgene Talente entdeckt, die zu interessanten Karrieren führten.

Das Atelier ist
gut besucht

Der Meister nennt sich nur „Anselm". Das ist gleichzeitig Vorname und Produktlogo, und es lockert die Atmosphäre im Studio auf, wenn sich jedermann duzt. Anselm vermittelt seinen Klienten zwar die Techniken, die zu gelungenen Bildern führen. Mehr noch möchte er aber in einem Zeitalter, in dem alles nur noch gekauft und kaum etwas Schönes selbst produziert wird, die **Freude am Malen,** am Erschaffen eigener Werke wecken. An der „Heilkraft der Kunst" ist schon etwas dran, glaubt *Anselm,* der manchen Kunden selig von dannen ziehen gesehen hat. Der Künstler selbst gibt ein glänzendes Beispiel für diese Theorie ab. Der Langeooger aus Bayern ist im Einklang mit sich selbst und seiner Umwelt; er harmoniert mit der insularen Natur, und er malt „fröhliche" Bilder und modelliert lustige Skulpturen: Clowns sind sein liebstes Motiv, Figuren, die einen zum Lachen bringen. In der Disharmonie des von der wahren Welt entfremdeten Menschen sieht Anselm das größte Unglück unserer Zeit. Es versteht sich, dass ein Künstler von seinem Kaliber keine grellen, eckigen, poppigen, hässlichen Werke liebt, die lediglich Trenddiktaten folgen und eines Tages im Zivilisationsmüll landen.

Auf der Insel findet Anselm genau das richtige Ambiente für seine künstlerische Sinnenfreude. Gesellig wie er ist, teilt er seine permanente Hochstimmung gerne seinen **Besuchern** mit. Man braucht sich dazu gar nicht zwingend in einen Malkurs einzuschreiben; vielleicht möchte man nur ein wenig mit diesem glücklichen Menschen plaudern und sich von seiner guten Laune anstecken lassen. Das ist Anselm auch sehr recht.

Zu erreichen ist der Meister über Tel. 6371, Fax 1646, oder über seine ständige Ausstellung Le Paradis (Tel. 912900, Fax 912901). Er vermietet auch Ferienwohnungen und ist Präsident des Golfclubs.

Dünen-friedhof Außer einer Anzahl baltischer Flüchtlinge und russischer Kriegsgefangenen liegt hier **Lale Andersen** begraben. Der schlichte Grabstein ist ein regelrechtes Wallfahrtsziel für viele ihrer einstigen Fans.

Lale Andersen, 1905 bürgerlich als *Lieselotte Helene Bunnenberg* in Bremerhaven geboren, war die Sängerin, die „Vor der Kaserne, vor dem großen Tor", das Landserlied von der Lili Marleen, unsterblich machte. Anno 1939 genoss dieser Song bereits riesige Popularität, wenn die damaligen Machthaber ihn auch weniger schätzten – die von Melancholie getragene Ballade war ihnen wohl nicht martialisch genug. Nach dem Krieg zog sich die Künstlerin nach Langeoog zurück und erwarb dort ein reetgedecktes Refugium, den heutigen „Sonnenhof" am Gerk-sin-Spoor, jetzt ein beliebtes Ausflugslokal. (Das Anwesen war früher auch als „Musentempel" bekannt. Inselschnack: „Wieso – is dor 'n Mus drin?") Anfang der 1960er Jahre gelang Lale Andersen, nicht mehr ganz taufrisch, aber

Lale Andersen
in Bronze

wieder sangesfreudig, mit „Ein Schiff wird kommen" ein überraschendes Comeback – Seemannsromantik (à la Freddy) war in. Im August 1972 verstarb die Sängerin, nachdem sie noch im Mai das Fahrgastschiff „Lili Marleen" getauft hatte, an den Folgen einer plötzlichen schweren Krankheit.

Seit dem 100. Geburtstag Lale Andersens am 23.3.2005 steht unterhalb des Wasserturms ein von der Langeooger Künstlerin *Eva Recker* geschaffenes Denkmal in der Form einer lebensgroßen Bronzestatue.

Feuerschiff

Hinter diesem Namen verbirgt sich kein schwimmendes Seezeichen, sondern ein ganz normales **Appartement-Hotel** in der Friesenstraße. Aber hier präsentiert der Fotograf *Joachim Bierbach* permanent seine **Inselbilder.** Es sind höchst eindrucksvolle Aufnahmen darunter, die einen Besuch der kleinen „Ausstellung" lohnend machen.

Evangelische Kirche

Das **Altarbild** der evangelischen Kirche hat seit seiner Anbringung im Dezember 1990 für einige Aufregung gesorgt, und zwar sowohl im positiven

Lale Andersens Grab

Altarbild

als auch negativen Sinn. An ihm scheiden sich offenbar die Geister. Manche Betrachter finden das Bild „sehr schön", „interessant" oder „zeitgemäß", andere verabscheuen es, beschreiben es als „kalt", „trostlos", „tot". Einen Kompromiss scheint es nicht zu geben. Was auch immer: Auf jeden Fall besitzt Langeoog mit dem Bild eine Sehenswürdigkeit, an der man nicht vorbeigehen sollte, und der Kirche trägt es neue Besucher zu.

Eine gewisse Trostlosigkeit geht in der Tat von dem graugrünen Werk aus, dessen Zentrum ein vergammelter Äppelkahn im gestrandeten Zustand bildet. Passagiere stehen herum, die wohl etwas mit dem Wrack zu tun haben, womöglich darauf warten, dass es wieder flott kommt. Was vergebliche Liebesmüh sein dürfte, hoch und trocken wie die alte Arche liegt. Dass sich an Deck niemand zeigt, wirkt auch nicht sehr ermutigend. Im Großen und Ganzen erweckt die Strandungsszene den Eindruck, einem irgendwo in der Dritten Welt entstandenen Foto nachempfunden zu sein.

Im Vordergrund erkennt man eine Tafel (allerdings ohne Personen), die entfernt an das Abendmahl gemahnt. Was hat sich der Künstler, *Hermann Buß* aus Norden, bei der Fertigung dieses Bildes wohl gedacht? Man wird sich selbst einen Reim darauf machen müssen. Oder den Inselpastor fragen, der ganz bestimmt eine Erklärung parat haben dürfte ...

Sehenswert in der Kirche ist auch das **Modell des Seglers „Bethel"** über dem Lesepult.

Schiff-fahrts-museum

Kaum zu glauben, aber ein waschechter Binnenländer steckt hinter dieser maritimen Schatzkiste, die Langeoog zur Zierde gereicht wie kaum etwas anderes. 1981 wurde das Museum im „Haus der Insel" eingerichtet. *Artur Rose* aus Bielefeld, langjähriger Langeoog-Urlauber und -fan, machte es möglich, indem er seine große **Sammlung von Nautiquitäten,** vieles davon aus England, zur Verfügung stellte. Seither kamen immer neue Expona-

Sehenswertes

te hinzu. Es gibt auch ein Aquarium, in dem sich allerhand Nordseegetier tummelt.

Das bunte Innenleben dieses mit viel Sachverstand eingerichteten Panoptikums muss man sich bei einem Langeoog-Besuch einmal angesehen haben. Was man da ausgestellt hat, ist samt und sonders authentisch und entbehrt zum Teil nicht der Romantik. Besonders schön sind ohne Ausnahme die zahlreichen **Schiffsmodelle,** vor kurzem um eine große Sammlung des Kapitäns *Wilhelm Janssen* erweitert. Unter den Oldtimern befindet sich das sogenannte „Knochenschiff" **„Le Mystère",** zweifellos ein echtes Filetstück ... Es besteht aus penibel zurechtgearbeiteten Rinder- und Hühnerknochen; die Takelage ist aus Menschenhaar. Das elegante Modell entstand um 1800 und wurde von französischen Seeleuten in britischer Kriegsgefangenschaft gebaut.

Interessant sind ebenfalls die Flaschen- bzw. **„Buddelschiffe"** des Museums, die sich dadurch auszeichnen, von echten Seemännern (und nicht in fernöstlichen Fabriken) hergestellt worden zu sein. Ein ähnliches gilt für **„Scrimshaw",** mit hübschen Verzierungen versehene Walknochen, -zähne und -barten. Und man erfährt, dass „mit dem Sextanten der Schiffsort bestimmt wurde". Wurde? Sextanten sind immer noch wichtige Navigations-

„Gebastelt" statt „gebaut" steht in Museumstexten, und die meisten der prächtigen Schiffsnachbauten werden als „Bastlermodelle" bezeichnet. Das schmerzt in Auge und Ohr. Die Seeleute, die mit großer Liebe zum Detail diese hervorragenden Modelle schufen, würden sich, könnten sie zu Wort kommen, mit Bestimmtheit gegen den abwertenden Terminus des „Bastlers" zu verwahren wissen. Zwar soll dieserart zu einem (in der Regel nüchterner gehaltenen) sogenannten Werftmodell differenziert werden. Aber man hätte sich vielleicht ein glücklicheres Wort als diesen Stabilbaukästen (und an *Tetsches* einstige Kolumne im „Stern" „Wir basteln uns einen ...") erinnernden Begriff dafür ausdenken können – nun, es ist immer noch Zeit dafür.

048la Foto: rh

instrumente, aber zumindest nicht mehr Modelle aus dem Jahre 1890, wie jenes dort ausgestellte ...

Das Museum ist ganzjährig geöffnet, und zwar Mo–Do 10–12 und 15–17 Uhr, April–Oktober auch Fr und Sa 10–12 Uhr. So und an Feiertagen ist es geschlossen. Bei schlechter Witterung abends auch länger und ebenfalls an Wochenenden. Eintritt: 3 € und 1,50 € für Kinder; Führung kostenlos. Gruppen nach Vereinbarung (Tel. 693-211). Täglich (außer So) um 10.30 Uhr Kinderführung mit Knotendemo.

Seemanns-hus

Ecke Caspar-Döring-Pad/Mittelstraße, Tel. 861. Vor rund 200 Jahren bauten sich an dieser Stelle der Steuermann *Hinrich Lüken* und seine Frau *Antje* ihr Nest: Ein gemütliches, zur Sicherheit gegen Sturmfluten auf einer Düne hochgelegenes Häuschen. 1844 wurde das Domizil grundlegend umgebaut; heute beherbergt es ein kleines **Heimatmuseum,** das Einblicke in das bescheidene häusliche Leben der damaligen Zeit gibt und in dem wechselnde Ausstellungen die Inselgeschichte dokumentieren.

Sehenswertes

Das „Knochenschiff"

Was das Seemannshus ganz besonders beliebt macht, ist die Tatsache, dass man in ihm **heiraten** kann. Trauen Sie sich! Mit 150 € ist man in dem romantischen Ambiente dabei. Info: Standesamt Langeoog, Tel. 693-123.

Der olle Seefahrer Lüken ist übrigens nicht der **Namensgeber** des Hauses. Bevor es die Gemeinde Langeoog 1988 erwarb, gehörte das Gebäude einer Familie *Seemann. Caspar Döring* (der auf dem Straßenschild) war ebenfalls Seefahrer, hatte jedoch schon als Schiffsjunge einen schweren Unfall und lebte hinfort von der Fertigung hochkarätiger Schiffsmodelle. Die berühmte „Bethel" in der Inselkirche geht auf das Konto des 1932 verstorbenen Kunsthandwerkers.

Geöffnet ist das Seemannshus Mi und Fr 15–17.30 und So 10–12 Uhr. Gruppen nach telefonischer Absprache. Eintritt 1 bzw. 0,50 €.

**Seenot-
beobach-
tungs-
station**

Der schmucklose **Turm,** ein Relikt aus dem Zweiten Weltkrieg, steht auf den Heerenhusdünen östlich des Ortes und ist meistens unbemannt. Von oben hat man einen ganz guten **Rundblick** über das zwischen dem Turm und den Stranddünen liegende Pirolatal – aber das wär's auch schon.

Museumskreuzer Langeoog

Museums-
kreuzer

Der Museums-Seenotrettungskreuzer „Langeoog" thront hoch und trocken vor dem Haus der Insel und kann dort (von außen) bewundert werden. Das Fahrzeug wurde 1945 in Dienst gestellt und war bis zu seiner Ausmusterung 1980 an der Seenotrettung von 945 Personen beteiligt.

Im Sommer 1998 ließ sich für jedermann erkennen, dass der Veteran an Rostfraß litt. Trotzdem wurde ein Gutachter damit beauftragt, die Diagnose zu stellen. Er schätzte den **Preis für eine Instandsetzung** auf satte damalige 140.000 DM (entsprach etwa 70.000 Euro), denen wenig später – darf's ein bisschen mehr sein? – ein weiterer Zehntausender draufgelegt wurde. Alles in allem eine Summe, für die man schon eine schmucke Jacht erhält. Da man die Gemeindekasse jedoch für leer erklärte – kein Wunder bei solchen Preisen –, musste auf private Spendenbereitschaft zurückgegriffen werden. Angesichts einer diesbezüglich positiven Resonanz konnte der Rettungskreuzer „Langeoog" noch gerettet werden– dieses Mal noch. Begehbar Di, Do, So 10.30–12.30 Uhr. Der Eintritt ist frei, aber eine Spende erfreut.

Seenot-
rettungs-
kreuzer

Im Hafen von Langeoog stationiert liegt der Kreuzer „Carper Otten". Betreten ist nicht erlaubt. Nicht nur weil kein Platz an Bord ist, sondern weil sich das Schiff mit seiner ehrenamtlichen Mannschaft ständig **in Einsatzbereitschaft** und somit permanent „auf dem Sprung" befindet.

Wasser-
turm

Am **Langeooger Wahrzeichen** kann man nicht vorbeigucken. Dick und bräsig steht der 13 m hohe Turm auf der (16 m hohen) Westkaap-Düne am seeseitigen Ende der Hauptstraße und dominiert in weitem Umkreis das gesamte Geschehen. Viele tausend Male hat man ihn bestimmt schon fotografiert, und er lädt, pittoresk wie er ist, zu immer neuen Aufnahmen ein. Kamerabewehrte Inselbesucher führen mitunter einen wahren Reigen um ihn auf.

Sehenswertes

Die DGzRS-Station Langeoog

Es war die Havarie des unter der Flagge von Hannover fahrenden Seglers *„Alliance"*, die entscheidend zur **Gründung der Deutschen Gesellschaft zur Rettung Schiffbrüchiger** (DGzRS) beitrug. Dieses unglückliche Schiff ging am 10. September 1860, sozusagen mitten in der Badesaison, an der Küste von Borkum verloren, und die neunköpfige Besatzung kam dabei ums Leben. Augenzeugen des Schiffbruchs waren der Auffassung, dass man eine Rettung von Land aus leicht hätte bewerkstelligen können, doch es geschah nichts. Die Katastrophe gab den Ausschlag, die bewusste Gesellschaft am 29. Mai 1865 in Vegesack ins Leben zu rufen. Es war spät nach den Maßstäben der Nachbarländer. In den Niederlanden und Großbritannien gab es eine Organisation dieser Art bereits seit 1824.

Aber es war nicht *zu* spät. Die frisch etablierte DGzRS ging sofort mit großer Energie ans Werk. Eine der Rettungsstationen, die sich in gefahrvollen und **erfolgreichen Einsätzen** besonders hervortat, war Langeoog. Im Mai 1867 wurde die Besatzung des Seglers *„Swaantje"* vom Norder Riff gerettet. Unter der Langeooger Bootsmannschaft befand sich auch, unerhört für die damalige Zeit, doch auf der Insel nichts Ungewöhnliches, eine Frau. Drei Jahre später konnten die Insulaner 13 Personen von der Stralsunder Bark *„Tusnelda"* aus schwerer Seenot abbergen. Und die Liste setzt sich in diesem Tenor durch die Jahre pausenlos fort ...

Zur Wende ins 20. Jahrhundert konnten die ostfriesischen Stationen der DGzRS auf 678 Rettungen zurückblicken, Langeoog war mit 68 dabei. Krach gab es auf der Jahreshauptversammlung 1901 wegen der hohen **Kosten** für die Verwaltung, während die Rettungsmänner so gut wie leer ausgingen – das kommt einem irgendwie vertraut vor.

Erstmalig wurde 1919 eine Seerettung eines notgewasserten Flugzeugs verzeichnet, zwar nicht durch das offizielle Boot, sondern durch den Bensersieler Fährdampfer – immerhin auch ein Langeooger. 1942 fuhren die Insulaner zum letzten Mal einen Einsatz mit dem **Ruderrettungsboot;** Langeoog zählte zu den letzten Stationen, die motorisierte See-

Sehenswertes

notkutter erhielten. Die DGzRS hat seit ihrer Gründung Tausende von Seenotopfern dem Meer entris-
sen. Und das nicht nur bei spektakulären Schiffsun-
tergängen. Auch verirrte Wattwanderer, gekenterte
Sportsegler und auf die hohe See hinausgetragene
Schwimmer stehen auf der Erfolgsliste der Gesellschaft. Jeder Inselgast kann einmal auf die Dienste
der uneigennützigen Retter angewiesen sein. Man
sollte sie deshalb unterstützen. Die Arbeit der
DGzRS wird ausschließlich aus freiwilligen **Spenden**
der Bevölkerung finanziert. Wer sich daran beteili-
gen möchte: Konto 1072016, Sparkasse Bremen,
BLZ 29050101. Die Spenden sind steuerlich absetz-
bar.

Auslaufender Seenotkreuzer

Der Bäcker *Hubert Recktenwald,* erfahren wir aus der Inselhistorie, promovierte 1993 über den Wasserturm sogar zum Konditormeister. Indem er selbigen nämlich als 40 cm lange **Draufsicht-Torte aus Quark-Buttercreme,** gefüllt mit Kirschen, darstellte. Das Dach des Turmes wurde aus rötlicher Florentinermasse gestaltet, die Ornamentsteine aus Macronenmasse ... genug des Guten – zum Anbeißen muss das Werk ausgesehen haben!

Das Original wurde 1909 fertiggestellt und galt damals als „Symbol des Fortschritts". Lange diente der Turm als **Seezeichen** und, seinem Namen Ehre machend, als **Wasserreservoir** (obwohl nur schlappe 100 Kubikmeter fassend).

Doch schon nach dem Ersten Weltkrieg gab er ein beliebtes **Auslugs- und Ausflugsziel** ab. Aus 23 Metern schwindelnder Höhe über Normalnull konnte man weit über Langeoog und die Nachbarinseln hinwegblicken und bei guter Sicht sogar Helgoland erspähen. Allerdings: „Im Lauf der Jahre wurden die Treppe, die zur Aussichtsplattform hinaufführt, und der Speicherbehälter im oberen Teil des Turms natürlich immer älter", führt eine Langeooger Broschüre aus. Wie wahr! Deswegen renovierte man – mit Geldern aus Ausgleichszahlungen für die Pipeline-Verlegung (s.u.) der Firma Statoil – im Jahre 1994 den alten Kameraden, und heute kann er wieder erklettert werden.

Geöffnet ist der Turm in der HS Mo–Fr von 10–12 Uhr. Eintritt: Bei Vorlage der LangeoogCard gratis, sonst 1 €, Kinder 0,50 €. Im Eingangsbereich befindet sich eine permanente Ausstellung mit dem spritzigen Thema „Wasserversorgung auf Langeoog", die ebenfalls gratis inspiziert werden darf.

Altes Wasserwerk Das Infohaus Altes Wasserwerk, angesiedelt in einem schönen denkmalgeschützen Gebäude, klärt über die besondere Trinkwasserversorgung Langeoogs auf. Sehr übersichtlich wird die Verbindung zwischen Natur, Wasser und Tourismus gezeigt. Geöffnet täglich von 9–16 Uhr, Eintritt: frei, Mittelstraße 47.

Sehenswertes

*Geschichte
und Natur*

Inselgeschichte

Herbe Anfänge

**Erste
Erwähnung**

Eine Lokalität mit dem afrikanisch klingenden Namen **„Ackumhe",** bereits im Jahre 1289 urkundlich erwähnt, ist der dokumentarische Vorläufer von Langeoog; dieser Ansicht sind jedenfalls die Gelehrten. Hinter Ackumhe verbirgt sich nämlich mit großer Offensichtlichkeit die heutige Accumer Ee, die „Balje" (Rinne) zwischen Langeoog und

Waren die alten Langeooger Strandräuber?

Der (1993 verstorbene) Langeooger Friseur *Peter Hoffrogge* vertritt in seinem Buch „Verwehte Spuren" die Meinung, dass das „Strandjen" an der Nordseeküste im Großen und Ganzen nur eine verleumderische Erfindung bösartiger und unwissender Binnenländer sei. Er bescheinigt seinen Mitinsulanern edle und selbstlose Motive bei der Strandbergung und -rettung, relativiert diese Feststellung jedoch bereits ein paar Seiten später, wo es um knickrige Pfennigfuchserei bei Bergelohn und „Kopfgeld" geht. „Sicher, die Insulaner waren und sind keine Engel", seufzt der Autor, „wo gibt es die schon?"

So sehen es auch die Geschichtsbücher. Bereits die frühen Strandordnungen der Landesfürsten kamen dicht an legitimierten Strandraub heran; wer Schiffbruch erlitt, hatte in jedem Fall das Nachsehen und konnte froh sein, mit dem Leben davongekommen zu sein. Überdies wurde von den Untertanen mit derartiger Impertinenz gegen diese Verordnung verstoßen, dass immer neue Edikte und Strafandrohungen erlassen werden mussten. Mit wenig Erfolg. Sich angetriebenes Strandgut unter den Nagel zu reißen, galt an der ganzen Küste als Kavaliersdelikt.

Die Existenz der Gebetsformel „Gott segne unseren Strand!" wird von manchen Autoren (auch von Hoffrogge) dahingehend ausgelegt, dass die am Meer lebenden Menschen ihre Küste dem Schutz des Herrn anbefahlen. Andere verleugnen die Existenz dieser Gebetsformel schlichtweg, und sie ist in der Tat auch historisch umstritten. Doch in Mecklenburg ist 1777 ein amtlicher Akt zu ihrer Abschaffung dokumentiert; es muss sie also gegeben haben, und man dürfte sich ihrer perfiden Doppeldeutigkeit bewusst gewesen sein.

dem benachbarten Baltrum. Der Anlass für die Erwähnung ist allerdings ein trister. Ein Ostfriese war in *portu dicto Ackumhe* („in einem A. genannten Hafen") von einem Bremer erschlagen worden, und dieser Vorgang ging in die amtlichen Dokumente ein, die es – Ordnung muss sein! – schon damals gab.

Der Inselname selber taucht 1398 als **„Langeoch"** in Urkunden auf, die der Ostfriesenhäuptling *Witzel tom Brok* in Verbindung mit bayerischen (!) Lehensabmachungen signiert hatte. (Die Dokumente sind heute im Staatsarchiv von Groningen verwahrt.)

Nach der Weihnachtsflut von 1717 gingen alle Hemmungen über Bord. Verständlich ist durchaus, dass die besitzlos gewordenen Menschen sich verzweifelt anzueignen bemüht waren, wessen immer sie habhaft werden konnten. Doch dabei blieb es nicht, sondern eine wahre Sturzwelle der Raffgier brach los. „Bey uns des raubens und plünderns so viel und groß ist, daß Gott Himmel unser Stad und Land noch 7 mahl mehr plagen muss, wo nicht eine Löbl. und Christl. Obrigkeit einen recht ernstlichen Einsicht darin thut", klagt die Ostfriesische Chronik des Katastrophenjahres. Unter den Dieben waren „auch Leute, von denen man es nicht vermutete", heißt es an anderer Stelle. „Diejenigen, welche von dem Wasser nicht berühret, sollten billig mit ihren Nächsten Mitleiden gehabt haben, allein ihr räuberisches Herz war nur darauf bedacht, wie sie der Nothleidenden angetriebene Güter an sich bringen möchten, und liessen unterdessen die Jammernde in ihrem Elend sitzen ..."

Waren die Langeooger noblerer Gemütes und gegen diesen massendelikthaften Verfall gesellschaftlicher Normen gefeit? Keineswegs. Sie wussten stets zu schätzen, womit ihr Strand gesegnet war, und sie waren prompt zur Stelle, wenn der Ruf „Holt in Drift – Treibgut einholen!" oder „Schipp up Strand!" erscholl. Und sie kriegten sich, in alten Chroniken nachzuverfolgen, bei der Verteilung der Beute immer wieder auf höchst kleinliche Manier in die Haare – so in einem besonders detailliert dokumentierten Fall über „eine Wüppe Torf".

Das Ende des 19. Jahrhunderts neu formulierte Strandrecht ist übrigens heute noch gültig. Seine Wurzeln reichen bis auf das uralte römische Recht zurück.

Geschichte und Natur

Was bedeutet „Langeoog" eigentlich? Wir haben es hier glücklicherweise einfach mit der Übersetzung. Die Endungen ey, ö, öy, öya, oog, ooge u. Ä. gibt es in allen nordischen Sprachen; ihre Bedeutung ist „Insel". Langeoog ist also die „lange Insel". Nun, 14 km bringt sie ja auch immerhin auf die Waage!

Besiedlung   Ob im 14. Jh. bereits Menschen auf dem Eiland wohnten, wurde lange bezweifelt, jedenfalls ist ihre Präsenz nirgendwo belegt. Ab 1920 wurden jedoch **mittelalterliche Siedlungsreste** am Strand (vor dem heutigen Hospiz) gefunden, die auf das 13. bis 14. Jahrhundert zurückdatieren. Zumindest vorübergehend muss dort also schon einmal jemand Station gemacht haben.

Langeoogs frühe Besiedlung ist wohl eher dünn zu nennen. Selbst mehr als zweihundert Jahre nach der Dokumentierung durch den Ostfriesen-Witzel, anno **1625,** wurden gerade mal sieben Haushaltungen auf der Insel gezählt. Alles war nach deutscher Art jedoch schon sehr gründlich geregelt. Ein Inselvogt wachte über das Strandrecht, denn die Langeooger nahmen es mit den diesbezüglichen Vorschriften des Auricher Grafen *Ulrich* offenbar nicht allzu genau. Selbst der Vogt musste sich auf seinen Patrouillen von einem Augenzeugen begleiten lassen – keiner der an voriger Stelle beschriebenen Streithähne traute dem anderen so recht.

Schiffs-   Langeoogs Strand war durch die Zeitläufte mit unglückli-
unglücke   chen Schiffen reich gesegnet. In den zweihundert Jahren von 1666 bis 1865, als nach der Gründung der Deutschen Gesellschaft zur Rettung Schiffbrüchiger (s. o.) Menschenleben über Sachwerte Vorrang erhielten, stehen etwa 60 Strandungen zu Buch; in Wirklichkeit dürften es weit mehr gewesen sein. Eine pikante Note unterliegt der **Strandung der „Van der Liefde"** im Jahre 1691. Schon wollten die Insulaner über die wertvolle Ladung des niederländischen Schiffes herfallen – als der Havarist ärgerlicherweise wieder freikam. Trotzdem hielt der Strandvogt das Fahrzeug fest, worauf es gewaltigen Krach zwischen dessen Eignern und den ostfriesischen Statthaltern gab. Zwei Jahre später ging ein **anderer Holländer** beim Flinthörn auf den Strand. Er hatte vor allem **Bier** geladen, „wovon die Berger und dahin gesandter Vogt eine Tonne verzehret ..." Weitere vier Bierfässer trieben in Westaccumersiel auf dem Festland an und wurden „dorthen aufgefisscht, davon 1 gantz und die übrigen zum Theil aufgezehret". Auch in diesem Fall gab es erheblichen Zoff mit der fürstlich Ostfr. Hofcantzley in Aurich, der das „Aufzehren" dieses speziellen Strandguts offenbar sauer aufstieß.

Die Liste zu Bruch gegangener Schiffe geht endlos weiter. Man wundert – und entsetzt – sich beim Studium his-

Die kuriose Strandung der Aurora

Die Galliot „Aurora", Heimathafen Barßel, lief am 2. November 1895 in Ballast von Bremerhaven nach England aus. Am 8. ging bei schwerem Wetter der Ballast in der Nähe von Borkum über, und der Schiffer beschloss, zur Weser zurückzukehren. Auf halbem Weg kam man, nachdem der Sturm zum Orkan angewachsen war, zu der Ansicht, dass es keine Rettung mehr für das Schiff gab. Kapitän *Paßmann* ließ die „Aurora" deshalb auf den Strand von Langeoog laufen, und die Besatzung spazierte in aller Ruhe an Land.

Dort lag der Segler alsbald hoch und trocken, und eine erneute Sturmflut im Dezember spülte ihn bis an den Dünengürtel. Ein paar Insulaner witterten ein gutes Geschäft. Sie kauften der Versicherungsgesellschaft billig das „Strandschiff" ab und wandelten es in einen Restaurationsbetrieb um. Selbiger „brummte" auch umgehend; die Kurgäste umschwärmten die originelle „Aurora" geradezu, deren „Bordküche" vor allem für ihre vorzüglichen Kartoffelpuffer bekannt war. Die Investoren stießen sich an ihrem Engagement gesund; jedes Jahr wurden hohe Dividenden ausgezahlt.

Bis zum Januar 1901. Da schlug eine schwere Sturmflut das Restaurant Aurora kurz und klein. Aber selbst nach seinem endgültigen Ableben war der alte Segler noch von Nutzen. Seine aus wertvollem Holz gefügten Planken wurden geborgen und auf dem Festland verkauft. Noch heute dürften die Reste des „Strandschiffes" in irgendeinem alten Haus in Bensersiel oder Umgebung einen Dachfirst oder eine Diele stützen.

Geschichte und Natur

torischer Schiffbrüche und Strandungen über den **hohen Verlust an Menschenleben,** der diese Havarien fast immer begleitete. Wo heute fröhlich gebadet und gesurft wird, ertranken früher Hunderte von Seeleuten. Konnten sie nicht schwimmen? Die meisten konnten es in der Tat nicht; es galt in Nordeuropa ja lange als unschicklich, im Meer zu baden. Vielen dürfte zudem gefehlt haben, was man heute „sportliche Motorik" nennt; Seemänner der damaligen Zeit werden vielfach als „plump" und unbeholfen geschildert. Auch waren die bleischweren Seestiefel und die zu jeder Jahreszeit übermäßig dicke Kleidung den Schwimmübungen eher abträglich.

Außerdem: In manchen Fällen erscheinen spektakuläre **Rettungsversuche von Land** bei genauer Betrachtung als voreilig, unnötig gar. Nachdem diese Bemühungen manchmal mit tragischen Verlusten endeten, lagen die Havaristen anschließend trocken auf dem Strand und hätten von ihren Besatzungen gefahrlos verlassen werden können. Die in Dingen der See erfahrenen Insulaner schätzten also mitunter Notsituationen ganz falsch ein.

Gelegentlich wird sogar anklagend darauf verwiesen, dass schiffbrüchige Seeleute nicht etwa diszipliniert auf die Ankunft eines Rettungsboots warteten, sondern **einfach an Land schwammen.** So der Koch des Seglers „Altje", der im September 1903 „in Panik und Angst voreilig über Bord gesprungen und dann von der Brandung wie Treibholz an den Strand gespült" wurde *(Hoffrogge)*. Vielen anderen hätte ein solches „voreiliges" Tun wahrscheinlich das Leben gerettet. Aber man durfte als rechter Kerl halt keine Panik und Angst zeigen und sich wie ein profanes Stück Holz an den Strand treiben lassen. Die überwiegende Zahl der Havarien trug sich ohnehin **im Winter** zu. Dann sah es mit den Überlebensaussichten im eiskalten Wasser verzweifelt kärglich aus, und der Mut und das Geschick der Rettungsmannschaften waren natürlich in höchstem Maße gefragt.

Inselschutz und Sturmfluten

Graf Ulrich

Der weiter vorn bei den Vorschriften zum Strandrecht erwähnte Graf *Ulrich* war offenbar nicht nur ein Mensch mit gesundem Rechtsempfinden – er war auch einer der ersten Küstenbewohner mit ökologischem Sachverstand. Schon 1636 sorgte er sich um den Inselschutz, indem er anordnete, die **Dünen nicht zu zertrampeln.** Gleichzeitig erließ er aber ein **Jagdverbot für Kaninchen,** den ärgsten Schädlingen des Inseluntergrundes, um seinen adeligen Kumpanen vom Festland dieses Wild zu erhalten. Sein „Trampel-Edikt" wurde dadurch praktisch zunichte gemacht. Aber Umweltkunde war seinerzeit halt noch kein Pflichtfach.

Jäger und Naturschützer

Als Folge eines „Kaninchengesetzes" von 1869 wurden die Tiere erst 1874 endgültig ausgerottet. Als Jagdwild traten Hasen, die den Boden nicht zerwühlen, an ihre Stelle. Gleichzeitig verbot man per Polizeiverordnung auf allen ostfriesischen Inseln zum Schutz der Dünen das Schießen von Seevögeln. (Die Vögel tragen durch Verteilung von Pflanzensamen und über natürliche Düngung zur Festigkeit der Dünen bei.) Man begann erstmals, wirklich ökologisch zu denken. Die Insulaner protestierten wütend gegen diese Neuerungen. Auf Langeoog sind sich Jäger und Naturschützer bis auf den heutigen Tag spinnefeind.

Lage-stabilität

Im Gegensatz zu allen anderen ostfriesischen Inseln gab es auf Langeoog indes den geringsten Anlass zur Besorgnis über die insulare Festigkeit. Offensichtlich ist Langeoog schon immer das **lagestabilste Eiland des Archipels** gewesen, vielleicht weil es sich ziemlich genau in dessen Mitte befindet. Anders als bei den umliegenden Ostfriesinnen, die zum Teil dramatische Veränderungen ihrer Topografien zu verzeichnen hatten, traten am Westende der Insel im Lauf der Jahrhunderte kaum Verlagerungen auf, und auch das Ostende wuchs nur um ein Weniges in die Länge. Hilfreich unterstützt wurde diese Stabilität zweifellos durch planmäßige **Dünenpflege,** die ab 1700 zunächst von holländischen Fachleuten betrieben wurde.

Zerreißen der Insel

Dennoch blieb den Insulanern das Schicksal ihrer Nachbarn nicht erspart. Sturmfluten und **Sandflug** bedrohten seit der mittelalterlichen Besiedlung immer wieder die Existenz der Langeooger. So musste 1666 das zunächst im Osten angesiedelte Inseldorf nach Westen verlegt werden, weil es unter Treibsand zu verschwinden drohte. Dann überspülte die (an voriger Stelle beschriebene) **Weihnachtsflut von 1717** so massiv die Sandplate zwischen dem westlichen und östlichen Dünenkomplex, dass die Insel am Großen Schlopp (auch „Schloop") **in zwei Teile** zerbrach. Vier Jahre darauf verwüstete eine erneute Sturmflut das angeschlagene Eiland so schwer, dass es nicht mehr bewohnbar war. Langeoog zerriss endgültig **in drei (zeitweilig vier) Teilinseln;** „die Kirche gantz heruntergefallen, auch mein Pastorenhaus totaliter ruiniret worden" – so der Pfarrer *Böttcher* klagend an den Fürsten *Georg Albrecht* in Aurich. Die wenigen verbliebenen Insulaner (vier Familien) verließen 1721 allesamt ihre Heimat und zogen auf das Festland.

Neubeginn

Suche
nach
Siedlern

1723 wurde eine neue Besiedlung der menschenleeren Insel erwogen. Doch niemand wollte in diese elende Wüstenei ziehen. In seiner Not appellierte **Fürst Georg Albrecht** an den Dänenkönig *Frederik IV.*, einige Neusiedler von dem damals dänischen und arg übervölkerten Helgoland nach Langeoog zu schicken, denn ihm sei „viel daran gelegen, dass dieses Eiland sobald wie möglich mit guten Einwohnern besetzt wird ... vornehmlich, weil besagte Insel meinem festen Land gleichsam zu einer Vormauer gegen die Gewalt der See dient." Aha – er dachte also vor allem an die eigene Haut! Es meldeten sich auch in der Tat acht **Helgoländer Fischerfamilien** bei der fürstlichen Verwaltung in Aurich, legten dieser aber einen dicken Katalog von Bedingungen vor. Sie verlangten:
- den dritten Teil allen geborgenen Strandguts für die Berger,
- ausschließliches Siedlungsrecht für sich selber,
- freie Vogeljagd,
- zollfreien Fischverkauf nach Hamburg,
- einen eigenen Vogt aus ihrer Mitte mit von der Regierung gestellter Dienstwohnung,
- Gestellung eines Lehrers und Predigers sowie zweier Pferde durch den Fürsten.

Wie verlegen Georg Albrecht um Leute war, die seine Insel Langeoog zusammenhalten sollten, zeigt sich daran, dass er sich darauf einließ, mit den Helgoländern um deren unverschämte Forderungen zu feilschen. Am 19. Juli 1723 kam er ihnen sogar in den meisten Punkten zustimmend entgegen, vielleicht aus einer dunklen Ahnung heraus, dass aus dem ganzen Vertragswerk ohnehin nichts werden würde. So fügte es sich dann auch. Nach einigem weiteren Hin und Her legte der dänische *Friedrich* ein endgültiges Veto ein und beorderte seine Untertanen auf ihren Butterfelsen zurück. Die Helgoländer zogen ab und ließen sich nicht wieder blicken.

Neusiedler
angelockt

Inzwischen hatten sich indes einige **benachbarte Insulaner und Festlandostfriesen,** durch die Zusage uneingeschränkter Nutznießung der Grünflächen des Westendes angelockt, dazu überreden lassen, auf das marode Eiland überzusiedeln. Weitere zogen nach, als *Friedrich der Große* 1740 an die Macht kam und den Siedlern Steuerfreiheit garantierte. Er war nämlich ein Befürworter von Steuergerechtigkeit. „Bauer, Bürger und Edelmann" dürften nicht fiskalisch überfordert werden; sonst, sorgte er sich wohl, käme es zu Revolutionen. Den Freiwilligen gab der Statthalter in Aurich jetzt eine lange Liste von **ökologischen Auflagen** mit auf den Weg, die vor allem schwere Arbeit in den Dünen beinhaltete. Es galt, die Vormauer gegen die Gewalt der See auszubauen.

**Aufwärts-
trend**

Die Neusiedler sollten, wie sich bald erwies, dennoch keine schlechte Wahl getroffen haben. Allmählich ging es aufwärts mit Langeoog. Zwar dauerte es noch bis 1794, bis man sich einen **Lehrer** leisten konnte. Und über diesen (von den Insulanern selber eingesetzten) Mann wird regierungsseitig leider notiert, „dass er gar nichts taugt, doch aus Mangel eines Beßern daselbst zu laßen ist". Egal – das Inselleben gewährte durchaus kleine Annehmlichkeiten. Noch 1796, also lange nach der schlimmen Flut, wird berichtet, dass die Bewohner Langeoogs **weiterhin Steuerfreiheit** genossen. (Das ist bestimmt ein Grund, warum sich eine stark konservative, bis heute anhaltende Grundhaltung unter den Insulanern ausgeprägt hat: „Früher" war alles besser.)

Im Gegenzug musste jedoch kräftig angepackt werden. Bereits um die Mitte des 18. Jahrhunderts hatte man systematische Dünenpflege- und andere **Schutzmaßnahmen** eingeleitet. Deshalb stellten sich auch bald menschenwürdigere Verhältnisse ein; die einst **zerstückelte Insel hielt jetzt zusammen.** Im Jahre 1800 galt das Westdorf als gesichert.

Verluste und Landbildung

**Magere
Jahre**

Dann kamen, während der Kontinentalsperre *Napoleons,* von 1806 bis 1813 erst einmal **französische Besatzer** und bescherten der Insel magere Jahre. Die Franzosen hatten allerdings selber nicht weniger zu leiden als die von ihnen Okkupierten. Gewohnt, ihren Bedürfnissen durch Requirierung nachzukommen, stießen die (zeitweilig bis zu 200 Köpfe zählenden) Besatzer hier ins Leere: Bei den wenig begüterten Insulanern war nichts zu holen. Um nicht zu verhungern, gingen die Franzosen auf die Kaninchenjagd, und es gelang ihnen fast, die Nager auszurotten. Aber eben nur fast – dann war der Krieg zu Ende.

**Sturmflut
von 1825**

1825 kam es durch die große Sturmflut, die jener von 1717 noch ein paar Zentimeter draufsetzte, zu einem weiteren Rückschlag. Durch die alten Schwachstellen im Dünengürtel, das Große und das Kleine Schlopp, **brach die See erneut ins Land,** und die Äcker der Insel versandeten weitgehend. Diesen neuerlichen Verwüstungen durch die Nordsee wird die nachhinkende Entwicklung Langeoogs im Vergleich zu den anderen ostfriesischen Inseln zugeschrieben, darunter auch der relativ späte Eintritt in die touristische Nutzung. Offenbar saß den Siedlern ständig die Angst im Nacken, dass die Insel wieder auseinanderbrechen könnte.

**Land-
zuwachs**

Dennoch folgte diesen Verlusten eine lange, bis 1900 andauernde Phase positiver Landbildung, die besonders das Ostende betraf. Zwischen 1825 und 1841 entwickelten sich (aus einer einstigen Sandplate) auch die **Flinthörndü-nen,** ein wahres Gebirge nach Langeooger Maßstäben.

Während alle ostfriesischen Inseln an ihrem **Westende** in teilweise erschreckendem Ausmaß zu Substanzverlusten tendieren, baut Langeoog, wie erwähnt, dort eher an. Aufgrund günstiger Strömungsverhältnisse sind Schutzwerke wie Buhnen, die andernorts das Strandbild bis zur Unerträglichkeit verhässlichen, nie nötig gewesen. Allerdings hat man wiederholt massive Sandaufspülungen vorgenommen. Und dabei wird es wohl bleiben, denn diese Methode hat sich nach neueren Erkenntnissen als die wirkungsvollste erwiesen. (Sie wird übrigens nicht aus der Kurbeitragskasse finanziert, sondern laut Grundgesetz vom Staat.) Ende des 19. Jahrhunderts wuchsen zudem die zentralen **Melkhorndünen** und das Ostende Langeoogs zusammen, als das dazwischenliegende **Kleine Schlopp** um 1890 durch natürliche Dünenbildung geschlossen wurde. Menschliche Hände unterstützten diesen Vorgang durch Sandfangzäune und Strandhaferpflanzungen und beschleunigten dieserart die Entwicklung. Das **Große Schlopp** trennte die Dünenkerne des Westkopfes vom übrigen Teil der Insel bis in das Jahr 1906, es konnte damals, beginnend 1901, mit Hilfe eines Deiches geschlossen werden. Langeoog bestand endlich aus einem Stück und verzeichnet in der Neuzeit sogar Zuwächse.

Fremdenverkehr

Anfänge

Jetzt, da die Insel nicht mehr davonzuschwimmen drohte, konnte man sich auch Gedanken über die Einführung des Tourismus machen, der auf den anderen Inseln schon seit langem brummte. Den Anfang macht **1828** eine **„Krug-wirtschaft"** in der Meierei des Ostlandes, die sich vermutlich lebhaften Zuspruchs erfreute, denn man konnte sich hier fern von störenden Pastoren und Ehefrauen zünftig einen zur Brust nehmen. Zwei Jahre später erscheint in Gestalt des Amtsrichters *v. Vangerow* der **erste Badegast** auf der Insel. 1830 gilt deshalb als Gründungsjahr des Fremdenverkehrs, und der Richter als dessen Gründer. Denn er war es, der die Einrichtung eines „Nordseebades" anregte, und so kam es dann auch.

1851 besuchten bereits 101 Badegäste die Insel. Die Schwindel erregende Zahl machte eine weitere Organisation des Fremdenverkehrs dringend erforderlich, zumal ein ganz hoher Gast die Insel inzwischen mit seiner Präsenz beehrte. Der **Fürst von Schaumburg-Lippe** hatte sich mit dem König von Hannover verkracht und suchte ein ruhiges Refugium, um seine Wunden zu lecken. Das damals schon quirlige Norderney schied offenbar aus, denn dort konnte man dem ungeliebten Herrscher über den Weg laufen. Also zog der ganze Hofstaat in das Gästehaus des Krämers *Johann Adam Leiß* ein ... Aber lange hielt man es im wenig mondänen Ambiente Langeoogs nicht aus. Schon bald „verholte" der Fürst doch nach Norderney, wo es feiner zuging und überhaupt mehr los war. Als Andenken ließ er ein (1863) nach ihm benanntes Gästehaus zurück – immerhin. Ansonsten weinte man ihm auf Langeoog keine Träne nach.

Im gleichen Jahr rief man den **ersten Badeausschuss** ins Leben, nachdem man sich nach langen Diskussionen und den üblichen hitzigen Kabbeleien auf Bensersiel (statt Accumersiel) als künftigen Fährhafen auf dem Festland geeinigt hatte. Ein Badeausschuss war, versteht sich, bitter vonnöten, galt es doch vor allem, Sitte und Anstand am Meeresstrand zu wahren. Denn die meisten Inselgäste, vornehmlich Geistliche, Lehrer, Beamte und Offiziere mit ihren Familien, nahm zu diesem Zeitpunkt das neu erbaute Hospiz des Klosters Loccum auf, das Platz für 100 Gäste hatte, dessen Leitung aber natürlich auf strenge Leibeszucht bedacht sein musste. 1884 übernahm das Kloster sogar die gesamte Badeeinrichtung von der Gemeinde und stellte einen Badekommissar ein. Unter Führung des Loccumer Kurators *Barkhausen* fand 1885 die erste Badesaison statt. Einfach so zum Spaß in der See baden – das gab es damals noch nicht.

Mühsame Seereisen

Überhaupt waren Ferienreisen nach Langeoog im 19. Jahrhundert höchst beschwerlich, weshalb es den Fürsten von Schaumburg-Lippe auch wohl nicht lange auf der Insel litt. **Einer der ersten Inseltouristen,** der Religionsphilosoph *Rudolf Eucken,* schreibt anno 1850: „Die Beförderung über das Meer ging mit einem winzigen Fährschiff vonstatten, das bei schlechten Windverhältnissen und bei Regenschauern nur unter Zeitverlust und unter vieler Mühe die Insel erreichen konnte ... Beim Wenden der Segel hieß es ‚Hinlegen', und um einer Enthauptung zu entgehen, lagen dann alle Mitfahrer flach auf dem Boden. Bei schlechtem Wetter konnte die kleine, primitive Kajüte die Schutz suchenden Leute leider nicht fassen."

Er vermerkte aber auch, ganz zeitgeistig: „Der Mensch war damals noch nicht sich selbst überdrüssig, wie er es jetzt meist ist. Die Menschen fliehen jetzt oft zur Natur, nur um immer wieder mit den Menschen meist sehr Nichtiges zu treiben und der gegenseitigen Eitelkeit zu fröhnen, traurig, dass die große Natur ihnen nichts anders zu bieten vermag. Damals ging man ins Seebad, um sich körperlich und geistig auszuruhen und Kraft für die Arbeit des Winters zu gewinnen."

Einige Jahre später, 1885, war das Reisen kaum komfortabler. Die Passage konnte auch schon mal durch einen zünftigen **Schiffbruch** empfindlich gestört werden. Ein Inselgast berichtete: „Wir sind mehrere Tage vom Lande abgeschnitten gewesen, haben alle Postsachen nass erhalten und mein

letzter Brief wird sich wohl auch verspätet haben, weil das Schiff gestrandet ist. Bei der Rückkehr vom Festland wurde es nämlich von einem Gewittersturm überfallen. Der alte Kapitän, der seit 19 Jahren das Schiff führt und nie einen Unfall gehabt hat, nahm plötzlich eine furchtbar schnell nahende Windhose wahr. So brachte er die Passagiere in die Kajüte und ließ das Schiff auf eine Sandbank laufen. Hier faßte es der Wirbelsturm und legte es auf die Seite. Auf offener See wären wir allerdings alle verloren gewesen. So aber lag das Schiff fest. Die Leute von Land schlugen die Luken ein und befreiten die Passagiere aus der Kajüte, wo sie schon bis zum halben Leib im Wasser standen. Sie wurden im Rettungsboot nach Esens zurückgefahren."

Bereits drei Jahre später schaukelte ein **Dampferchen** von 16 m Länge zur Insel hinüber, und bald darauf wurde die „Stadt Esens" in Dienst gestellt, die immerhin schon 100 Passagiere zu befördern vermochte. Auch eine **Landebrücke** entstand, so dass die Inselgäste trockenen Fußes ihre Gefährte verlassen konnten. Es sollte aber noch bis 1918 dauern, bis diese Konstruktion endlich winterfest war.

An Land per Pferdebahn

Dafür wurde gleich nach der Jahrhundertwende eine **Pferdebahn in Betrieb genommen.** Die Festlandspresse berichtete über diese sensationelle Neuerung nicht ohne subtilen Humor wie folgt: „Die ‚Wasserwagen' werden bald wie die antediluvianischen Wüppen, mit denen die Kurgäste in den sechziger Jahren befördert wurden, der Vergessenheit anheimfallen, und die Art des Personenverkehrs wird späteren Geschlechtern als Sage erscheinen.

Es ist Sonnabend nachmittag. Auf der Reede liegt die holländische Tjalk Gertrude mit den ersten Wagen der Langeooger Pferdebahngesellschaft. Größer und größer wurden die Scharen der Zuschauer. Ein dichter Kranz von Girlanden schmückte die vornehmen, eleganten Wagen, worauf sich der frohe Zug mit Sing-Sang und Kling-Klang in Bewegung setzte. Fast spielend zogen die munteren Rosse den federnden Wagen, obgleich er mit 40 Personen sehr dicht besetzt war. Am Dorfeingang und vor den einzelnen Hôtels hatte sich eine Menge geschart; bis zum Hospiz bildeten die Insulaner und Kurgäste Spalier, überall tönten brausende Hurrahs; von den Masten flatterten die Fahnen; die Glocken läuteten vor den Hôtels, die Häuser waren illuminiert. Überall, weit und breit in der wogenden Menge laute, jubelnde Freude. Und als nun der erste Wagen die ,Postkurve', das bisherige Sorgenkind, leicht und schön passiert hatte, rollte er in rasender Fahrt dem Hospiz zu. Und wir waren der frohen Genugtuung, einen bedeutungsvollen Tag in der Langeooger Geschichte miterlebt zu haben."

Doch schon in den Zwanzigerjahren wurde die so hochgelobte rasende Pferdebahn **als „antiquiert" bezeichnet.** Um dem „gebildeten Mittelstand" die Insel schmackhafter zu machen, sollte das Relikt aus Kaisers Zeiten durch eine moderne Motorbahn ersetzt werden. Aber das dauerte noch.

Anbruch der Moderne

Die Gemeinde setzt sich durch

Um das **Fährgeschäft in eigener Regie** zu betreiben, kaufte die Gemeinde Langeoog 1927 die beiden Schiffe „Kaiserin Auguste Victoria" und „Langeoog" von der Esenser Privatreederei, die bisher den Inselverkehr gehandhabt hatte. Der Kauf erfolgte in einem Akt, den man heute nur als „feindliche Übernahme" bezeichnen würde.

Auch das **gesamte Badewesen** ging vom Kloster in die Hände der Kurverwaltung über. Diese fühlte sich bemüßigt, wohl um zu demonstrieren, dass mit dem Besitzwechsel kein Sittenverfall einherging, die Strandgäste zu ermahnen, „außerhalb des Herrenbades nicht in Badehose zu erscheinen und die Schulterklappen des Badeanzuges – auch im (neu errichteten) Familienbade – nicht herabzulassen." Keusche Zeiten waren das immer noch!

Die neue Gesellschaft schipperte nicht einfach so zwischen Festland und Insel hin und her. Nein, sie setzte sich richtige „verkehrspolitische Ziele" und verwirklichte diese auch. Noch im gleichen Jahr (1927) fügte man der Flotte zwei weitere Schiffe hinzu, und in zunehmendem Umfang wurden „Lustfahrten" unternommen, nach Norderney und Helgoland zum Beispiel.

Geschichte und Natur

Eisenbahn

1936 beförderten die Langeooger Schiffchen 38.000 **Passagiere** – da kamen die armen Gäule der Pferdebahn nicht mehr gegen den Andrang an. (Außerdem mehrten sich Klagen wegen Tierquälerei). Wenig später brummelte die **erste Diesellok** zwischen dem neu ausgebauten Hafen und dem Inselbahnhof Langeoog hin und her, und fast 75.000 Besucher wurden im KdF-Jahr 1937 gezählt. Zwei Jahre darauf kam der Krieg, und es war erst einmal vorbei mit dem florierenden Tourismus.

Langeoog im Krieg

Helden- und andere Taten

Den Zweiten Weltkrieg überstand Langeoog ohne nennenswerte Blessuren. Die Chronik berichtet von kleinen Heldentaten wie den milde subversiven Umtrieben des Insel- und **Standortpastors** *Heinrich v. Osten* gegen die lokalen Nazis, kleinen Bravourstücken wie der **Versorgung** der Inselsoldaten mit Putern zu Weihnachten 1939 (nachdem ein deutsches U-Boot ein australisches Kühlschiff mit Geflügel aufgebracht hatte), und kleinen Schäbigkeiten wie der **Festnahme** von drei französischen Kriegsgefangenen („wegen Kartoffeldiebstahls") durch einen rotrohen Zollgrenzschutzreservisten namens *Gerdes*. Weiterhin ist ein ab 1941 gültiges inselweites **Weihnachtskerzenverbot** dokumentiert, das die Kriegsgeschicke günstig beeinflussen sollte. Es trug aber wohl nicht fühlbar dazu bei.

Ausbau zur Seefestung

1927 berichtete die Langeooger Kurzeitung über einen „sehr interessanten Versuch" des Wasserbauamtes Norden, das Flinthörngebiet durch eine künstliche Verlängerung der Süderdünen „einzudeichen". Zehn Jahre später entpuppten sich die interessanten Versuche als erste Schritte zur Anlage eines großen **Militärflugplatzes.**

Der Ausbau der Insel zur „Seefestung" im Vorfeld der hochwichtigen Marinebasis Wilhelmshaven wurde zielstrebig vorangetrieben, **Flakstellungen** und **Militärwohnungen** errichtet. Zeitweilig befanden sich fast 1000 Seesoldaten auf Langeoog und bemühten sich mit großem Erfolg, die Dünenlandschaft in eine Mondlandschaft zu verwandeln. Auch das Rollfeld im Westen nahm zügig Gestalt an. Es erwies sich jedoch als zu mürbe für schwere Bomber und diente nur kurze Zeit als Stützpunkt für Nachtjäger. Die Piste wurde nach dem Krieg „rückgebaut".

Nachkriegsboom

Bauwut

Schon bald nach dem Krieg geriet der **Fremdenverkehr allmählich wieder in Gang.** Sogar die wackere „Kaiserin Auguste Victoria", 1896 vom Stapel gelaufen, war noch von der Partie. (1951 wurde die alte Dame jedoch abge-

wrackt; die Glocke der Kaiserin ist heute im Schifffahrts-
museum Langeoog zu bewundern.) Bereits 1949, anderswo wühlte man noch in den Trümmern, erhielt Langeoog
den begehrten Titel eines „staatl. anerk." Nordseeheilba-
des. In Erwartung von großem Kommenden wurde jetzt
auf Deubel komm raus modernisiert. Die geduckten, alten
Fischerhäuser, das ganze insulare Ambiente, alles dies fiel
in den Sechziger- und Siebzigerjahren dem **Erneuerungs-
wahn** und der ungezügelten, zum Teil durch Spekulation
genährten Bauwut zum Opfer. Schöner wurde Langeoog
dadurch nicht, wenn auch weniger Sünden als auf manchen anderen Inseln begangen wurden.

**Immer
mehr
Inselfans**

Klugerweise stellte man schon zu einem frühen Zeitpunkt
die Weichen für permanente **Autofreiheit.** Offenbar war
diese Entscheidung trotz der machtvoll einsetzenden Mo-
torisierung der Bundesrepublik die richtige, denn die Inselfans wussten sie sichtbar zu honorieren. Die **Zahl der Besucher** wuchs ständig. 1970 beförderten die Langeoog-
Fähren rund 250.000 Passagiere, 1974 waren es schon
360.000. Zu immer höheren Besucherzahlen trug auch die
Ausbaggerung der Fahrrinne zwischen Bensersiel und
der Insel bei, die 1976 abgeschlossen wurde. Seither war
der Fährverkehr von den Gezeiten unabhängig und die
Gemeinde Langeoog in der Lage, Abfahrten nach einem
festen Fahrplan anzubieten. Jetzt konnte es nur noch berg-
auf gehen.

Das tat es auch. Langeoog ist, wie im Vorwort erwähnt,
eine Insel im Aszendenten. Schon früher im 20. Jahrhundert notierte der (im Buch wiederholt zitierte) Philosoph
Rudolf Eucken, ein Mann, der die ganze Welt gesehen hatte: „Inzwischen hat sich Langeoog zu einem stattlichen
Seebade erhoben. Ich denke [...] mit großer Freude an die
dort verlebten Wochen, sie waren entscheidend für meine
Entwicklung, weil sie mir Gesundheit brachten und ich in
tiefer Stille große Eindrücke empfing." Dieser Ansicht haben sich seither viele Menschen angeschlossen – wir werden gleich noch sehen, warum.

Langeoog heute

**Beliebtheit
der Insel**

Mehr als 1,4 Millionen Übernachtungen werden heute verzeichnet; auf die etwa 2100 Insulaner umgerechnet gibt
das bei den gängigen Zimmerpreisen einen ganz schönen
Schnitt. 1996 wurde die Insel in einer Vergleichsstudie des
Magazins „Focus" zur **Nr. 2 aller deutschen Urlaubs-
Eilande** in Nord- und Ostsee (gleich nach Borkum) erko-
ren, eine bemerkenswerte Position.

Verantwortlich dafür dürfte ein allgemeiner Trend sein.
Schon 1998 stellte eine Emnid-Umfrage fest, dass es die

Geschichte und Natur

Deutschen doppelt so stark ans Wasser wie in die Berge zieht. Vor allem junge (und besserverdienende) Menschen bevorzugen das Rauschen des Meeres gegenüber den Almen, hieß es. Wenn diese rund 16 Millionen **Liebhaber der See** auch sorgfältig in diametral gegensätzlich orientierte Freunde des Südens und Anhänger des Nordens zu dividieren sind, so bleibt für Langeoog und Konsorten doch eine ganz ansehnliche Anzahl von Nordseefans übrig. Diese (nach Einschätzung von Seelendoktoren) introvertierten Charaktere schätzen das Weite, die Einsamkeit, den Rhythmus der Gezeiten, die Distanz zur Stadt, während den Ballermann-Fans der Urlaub dazu dient (wiederum die Psychologen) „ihre vom Alltag bedrohte Persönlichkeit zu reparieren", in der Luft liegender Verspießung am liebsten mit möglichst viel Trubel und schrillem Vergnügen zu begegnen. Da ist wohl was dran. Von dieser Warte aus kann Langeoog bestimmt weiter auf starke Typen zählen, die sich der Erlebnisvielfalt des zu Fuß durchmessenen Raumes gegenüber dem flüchtigen Kick bewusst sind.

Architektur Allerdings: Wer ein Haar in der Suppe sucht, der findet auch eines. Wie fast überall im Nordseebereich ist auf Langeoog, wie erwähnt, **kaum etwas von der alten insularen Architektur erhalten** geblieben. Windschiefes, Originelles, ans Herz Greifendes gibt es nicht. Man muss schon scharf Ausschau halten, um hier und da noch ein gemütliches Fischerhaus zu entdecken, zumal – immerhin! – wilder Wein oder Efeu die alten Gebäude oft verbirgt. Nur eine Handvoll kommt insgesamt zusammen, teils in der Nachbarschaft wenig stilvoller Neubauten. In den Seitenstraßen treudeutsche Spitzgiebel, kalte Klinkermauern, das meiste eine Nummer zu groß. Davor englisch getrimmter Rasen, kupiertes Geäst, triste Thujen, das übliche.

Bettenburgen, das allerdeprimierendste, verunstalten Langeoog aber nicht. Barmherzigerweise hat man es sich auch verkniffen, weil die Insel nie „Modebad" wurde, blindlings in die Höhe zu bauen. Allenfalls in die Länge: Der neue **Bahnhof** erscheint überdimensioniert und ist es wohl auch. In die Landschaft passt er jedenfalls nicht, sichert aber angeblich „die wirtschaftliche Leistungsfähigkeit". Auch hätten den kantigen Bauten der **Kleinindustrie** am südlichen Ortsrand ein paar Auflagen nicht schaden können.

Im Großen und Ganzen ist das **Stadtbild** von Langeoog aber ganz passabel und trägt zumindest für Flüchtlinge aus den Ballungszentren der Bundesrepublik gewiss zum Wohlbefinden bei. Und außerdem lässt sich, wenn einem „Downtown" alles ein bisschen zu eckig wird, immer **auf die Strände ausweichen.** Je weiter er sich dann nach Osten bewegt, desto mehr Inseleinsamkeit erwartet den Introvertierten. Das ist ja das Schöne an „unseren" Eilanden: Ob-

054a Foto: rh

wohl sie einem dynamischen Industriekoloss vorgelagert sind, kann man auf ihnen die urigsten Verhältnisse finden ...

Sturmflut-sicher

Mancher Kurgast, der an **Sturmtagen** die Brecher gegen den Strand anpreschen und bis an den Dünenrand hinaufrennen sieht, mag sich angesichts dieser „Urigkeit" bang fragen, ob die Insel immer noch so lagestabil ist, wie sie einst gepriesen wurde. Oder könnte sie nach einer Megaflut wieder in mehrere Teile zerbrechen wie anno 1721? Der Küstenschutz, der die Gegebenheiten genauestens überwacht, signalisiert **Entwarnung.** Die Schutzdünen, von denen der Bestand der Insel letztlich abhängt, gelten als sicher.

Gefährdete Piroladünen

Mit einer Ausnahme allerdings. Großen Kopfschmerz bereiten den Einheimischen die **Dünen des Pirolatals** unmittelbar östlich des Ortes. Dieser Sandgürtel, der vor 50 Jahren bis zu 100 Meter breit war, ist inzwischen auf einen Bruchteil dieser Ausdehnung geschrumpft: An ihrer

Kuschelige Seitenstraße

schmalsten Stelle messen die Piroladünen nur noch 11½ Meter. **Verheerende Schäden** an den Piroladünen richtete Ende Januar 1994 eine schwere Sturmflut an, die innerhalb weniger Stunden bis zu 14 Meter dieses Bollwerks fortriss. Die Lage konnte durch umgehende Sandaufspülungen jedoch gerettet werden. Nicht weniger als 900.000 Kubikmeter wurden dabei an Land gepumpt, der größte Teil davon aus der Pipeline-Trasse der Gasfirma Statoil (s. u.). Heute ist der Strand vor den dünnen Dünen, wie jedermann beobachten kann, aber schon wieder auf lediglich ein paar Meter geschmälert. Man hat dort Nylonsäcke angehäuft, die zum Teil im Sand versunken sind oder sich zerrissen aus ihm hervorwölben – nicht besonders ansehnlich, doch angesichts der Notlage wohl unumgehbar. Aber wahrscheinlich wird eh bald eine neue Aufspülung fällig sein und dann verschwindet das ganze Zeug endlich.

**Trink-
wasser-
problem**

Langeoogs großes Problem: Gleich hinter diesen Dünen liegt das **natürliche Trinkwasserreservoir** der Insel. Ein Einbruch der salzigen See in dieses Revier wäre eine Katastrophe. Kontaminierungen des Süßwassers durch die Nordsee sind auf Langeoog schon immer ein Schwachpunkt gewesen. 1906 kam es zur Überflutung fast aller Brunnen der Insel, und das Trinkwasser wurde ungenießbar: ein Ereignis, das den Bau des Wasserturms beschleunigte. Auch 1962 drang einiges Salzwasser (von Osten) ins Grundwasser vor, ohne indes großen Schaden anzurichten.

OSTa Foto: rh

Geschichte und Natur

Wäldchen Als Alternative zu den Stränden und Dünen werden Besucher das Wäldchen südlich des Ortes zu schätzen wissen. Es ist zur Gänze angepflanzt, aber **hübsch verwildert.** Angenehm fällt auf, dass man hier nicht (nur) die für Nordseegestade atypischen Kiefern angesiedelt hat, sondern auch massenhaft **Laubwald,** darunter heimatliche Gewächse wie Birken, Holunder und Kartoffelrosen. Im Spätsommer kann man sich an reichlich Brombeeren laben. Auch die häufigen Birkenpilze sind gut essbar.

Einige **Pfade** durchziehen das Gehölz, und man findet sich oft herrlich allein. Oder allenfalls in der Gesellschaft von Rotwild. Eine Anzahl von Rehen ist auf Langeoog beheimatet. Ein Insulaner berichtete mir sogar, eines der Tiere morgens um 4 beim Morgenbad in der See beobachtet zu haben – ganz vorschriftsmäßig am offiziellen Badestrand. Ist das nun „urig" oder nicht?

Das urige Wäldchen

Gefährdete Piroladünen

**Militär-
flugplatz
heute**

Und was ist aus dem im Zweiten Weltkrieg gebauten Mi-
litärflugplatz geworden? Die Bundeswehr interessierte sich
später für das Terrain, doch kam es zu keiner praktischen
Verwendung, sicherlich, weil die Alliierten die Bitumen-
decke des Rollfelds umgepflügt und sämtliche Bunker ge-
sprengt hatten. Anfang der fünfziger Jahre wurde das
Schandmal mit der **Anpflanzung** von vielen Tausenden
von jungen Erlen, Weiden, Pappeln, Eschen, Weiß- und
Schlehdorn usw. endgültig getilgt. Heute sind die Langeooger heilfroh darüber. Donnernde Düsenjäger im Kurort
– das fehlte gerade noch. Stattdessen haben die Insulaner
am Rande der zum Teil zerbrochenen und weitgehend unter wilder Vegetation verschwundenen Betonbahn ihre
Schrebergärten angesiedelt. Putzige Holzhüttchen stehen
jetzt dort und man zieht erfolgreich diverse Gartenproduk-
te, um bei den horrenden Gemüsepreisen der Läden auch
mal etwas Frisches auf den Tisch bringen zu können. Sogar
das „Wellenbad-Café" profitiert in Gestalt von Grünkohl
und knackigen Gemüsen von dem biodynamischen Schre-
bersegen. Die Gemeinde Langeoog macht gute Miene zu
diesem – in ihren Augen – bösen Spiel. Licht und Wasser
sind in die kleine Kolonie jedoch bislang nicht verlegt worden. Es könnte ja – Gott bewahre! – jemand auf den Gedanken kommen, sich dort fest und kurtaxefrei ansiedeln
zu wollen ...

Schreberkolonie

Langeoogs Natur

Nationalpark
Niedersächsisches Wattenmeer

Daten

Der NNW reicht von Borkum im Westen bis Cuxhaven im Osten und umfasst einschließlich der vorgelagerten Inseln, Platen und Sandbänke ein Areal von ca. 2500 qkm – das entspricht immerhin fast der Größe von Luxemburg. 54% dieser Fläche gehören zur sogenannten Ruhezone (in den meisten Karten rot vermerkt), 45% zur Zwischenzone (grün) und 1% zur Erholungszone (gelb). Die Ruhezone gliedert sich wiederum in 36% Vogel- und 25% Robbenschutzgebiete.

Gegner des Parks

Der Park wurde 1986 ins Leben gerufen. An der Küste gab es **heftige Proteste** gegen seine Gründung, auch auf Langeoog, wo man heute noch im **Clinch mit der Parkverwaltung** in Wilhelmshaven liegt und zudem in einem „Bundesverband der Nationalparkbetroffenen" mitzureden versucht. Sogar die **Kirche** mischte sich unter dem Motto „Nationalpark – so nicht!" damals in die hitzig geführte Debatte ein. Weshalb wir und nicht andere? fragten die Gegner des Konzepts verärgert. Weil „die anderen" kein Wattenmeer vor der Tür haben, war natürlich die logische Antwort. Außerdem „gehört" den Insulanern das Wattenmeer nicht.

Aber berechtigt ist die Frage schon. Viel mehr „andere" sollten in das Konzept einbezogen werden. **Deutschland** hat mit etwa 2% seiner Grundfläche lächerlich wenig Raum für Nationalparks beiseite gestellt. (Wir können nicht teilen, auch nicht mit der Natur; wir wollen alles haben – das scheint unser Problem zu sein.)

Ökonomische Vorteile

Den Nordseeinseln, Langeoog an vorderster Front, hat der Nationalpark nur geldwerte Vorteile gebracht. Denn ohne die heile Natur, für die er einsteht, dürfte der **insulare Tourismus** bald zum

Geschichte und Natur

Erliegen kommen. („Früher ging das doch auch!" ist ein beliebtes Argument der Parkgegner. Ja, früher – da konnte man auch noch nicht alternativ nach Mallorca und in die Karibik düsen, wenn hier Teer an den Strand schwappte ...)

Das **Urlaubsziel „Naturerlebnis",** gekoppelt mit „Heimatverbundenheit", hat allen aktuellen Erhebungen zufolge in deutschen Landen höhere Popularität denn je erreicht. Und das Publikum ist wählerischer geworden. Meinungsforscher, die ja nichts unhinterfragt lassen, haben herausgefunden, dass Strand- und Badeurlauber die kritischsten (und bei unerfüllten Erwartungen nachträglich unzufriedensten) von allen Touristen sind. Stimmt das insulare Naturangebot nicht mit den Vorstellungen überein, suchen sich die Leute eben eine andere Destination. Alternativen gibts genug.

Das ganze Gezerre hat sich sowieso erledigt. Seit dem 26. Juni 2009 gehört das Wattenmeer dem **Weltnaturerbe der UNESCO** an. Natürlich gab es auch Proteste gegen diesen Ritterschlag, aber Langeoog ist mit ihm geadelt worden, da hilft kein Gegenanquaken mehr.

Ruhezone   Langeoog hat zwei Areale, die zur Ruhezone gehören: Das **Flinthörn,** ein Dünengebiet im Südwesten der Insel, und der **gesamte Südteil** von 1 km östlich des Ortes bis zum Ostende. Eingeschlossen sind die jeweils vorgelagerten Wattengebiete.

Die Ruhezone darf ganzjährig nur auf den zugelassenen Wegen betreten werden. Sie besitzt die **größte Schutzintensität,** weil hier die empfindlichsten Landschaftsteile, Pflanzen und Tiere zu

Geschichte und Natur

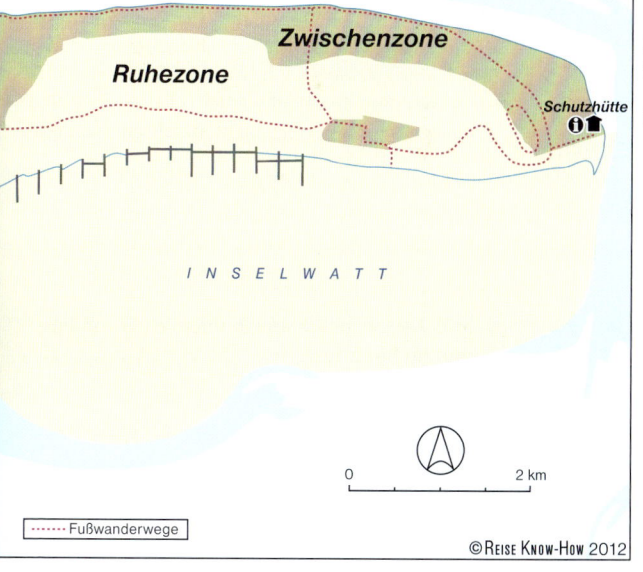

Zwischenzone

Ruhezone

Schutzhütte

I N S E L W A T T

0   2 km

······· Fußwanderwege

©Reise Know-How 2012

finden sind. Letztere dürfen in ihren Lebensräumen nicht aufgesucht werden, auch nicht, um sie „nur" zu filmen oder zu fotografieren. Ebenfalls sind, versteht sich, Jagen und Fischen in der Ruhezone verboten bzw. drastisch eingeschränkt.

Für **Wassersportler** gilt die sogenannte 3-Stunden-Regelung. Sie besagt, dass die Ruhezone des Nationalparks außerhalb der Fahrwasser während des Niedrigwassers (d. h. von drei Stunden nach dem mittleren Tidehochwasser bis drei vor dem nächsten Hochwasser) nicht befahren werden darf. Dies beinhaltet auch ein Verbot des Trockenfallens im Watt. Motorboote dürfen innerhalb von Fahrwassern in der Ruhezone maximal 12 und außerhalb 8 Knoten fahren. Wasserskiboote, Jetbikes, Jetscooter und andere Krachmacher sind gänzlich verboten.

In der Ruhezone hat man überdies **besondere Schutzgebiete** festgelegt, die in den amtlichen

Saharisch: Das Ostland

Seekarten eingetragen sind. Diese Gebiete dürfen in den folgend genannten Zeiträumen überhaupt nicht befahren werden:

- **Robbenschutzgebiete** vom 1.5. bis 1.10. des Jahres.
- Die meisten **Vogelschutzgebiete** ganzjährig.
- **Kombinierte Robben- und Vogelschutzgebiete** vom 1.4. bis 1.10.

Zwischen-zone

Die Langeooger Zwischenzone umfasst prinzipiell alle anderen **Inselbereiche** mit Ausnahme des Orts- und Hafengebiets und der Erholungszone, die sich als Strand- und Dünengürtel im weiten Bogen um den Ort bis ungefähr zur Höhe der Jugendherberge hinzieht.

In der Zwischenzone braucht man sich nicht grundsätzlich an die ausgewiesenen **Wege** zu halten. Hier sind jedoch alle Handlungen verboten, die den Charakter des Landschaftsbildes beeinflussen und den Naturgenuss beeinträchtigen können, und dazu gehört bereits das achtlose Durchlatschen von Dünen. Für die Annäherung an **Wildtiere** gilt das für die Ruhezone Gesagte.

Außerdem ist in der Zeit vom 1. April bis zum 31. Juli das **Betreten des Deichvorlandes** (d. h., der Salzwiesen und Groden zwischen dem Deichfuß und der Hochwasserlinie) verboten, weil die Vogelwelt in diesem Bereich dann ihren Brut- und Aufzuchtgeschäften nachgeht.

Für **Motorboote** gelten analog zur Ruhezone 12 bzw. 16 Knoten Geschwindigkeit.

Verhalten im National-park

Eigentlich stehen **Hinweis- und Verbotsschilder** im Widerspruch zum Konzept eines Naturparks. Da aber viele Menschen nicht von sich aus vernünftig reagieren, müssen sie halt mit Schildern herumdirigiert werden, und deshalb stehen die blechernen Ermahnungen da, von denen es folgende gibt (alle blau-weiß):

- **Ruhezonenschilder** sind hochrechteckig und bedeuten: Auf den gekennzeichneten Wegen bleiben!

Geschichte und Natur

● **Zwischenzonenschilder** sind quadratisch und bedeuten: Betreten (zu Fuß, zu Pferde, mit dem Fahrrad) auch außerhalb der Wege gestattet, jedoch unter Rücksichtnahme auf die Natur.
● **Querrechteckige Schilder** (in der Ruhe- und Zwischenzone) bedeuten: Hier ist ein Brut-, Nahrungs- oder Rastgebiet für Vögel.

Ansonsten gilt generell:
● Man halte sich an die ausgewiesenen **Wege,** um die Tier- und Pflanzenwelt nicht zu beeinträchtigen. Manche Wege und Stege, speziell dafür angelegt, dienen auch dem Dünenschutz, der für die Insel lebenswichtig ist. Man trample also nicht in den Dünen herum.
● Keine **Pflanzen** abpflücken oder -knicken! Das Abreißen und Ausgraben naturgeschützter Gewächse kann in Deutschland bis zu 10.000 Euro Strafe kosten.
● Keine **wildlebenden Tiere** (auch nicht Möwen, Enten oder Fasane) füttern! Nicht nur sind Toastbrot und Plasticfood ungesund für diese Vögel, die sich „organisch" aus der Wildnis ernähren. Der künstliche Fütterungsvorgang bringt auch Instinkte zum Erliegen, auf welche die Tiere für ihre normalen Ernährungsgewohnheiten dringend angewiesen sind.

●**Vogelansammlungen** sind zu meiden. Auf jeden Fall darf man sich ihnen nicht auf weniger als 500 Meter nähern. Die Vögel werden sonst bei der Nahrungsaufnahme, beim Brüten oder bei der Mauser gestört. Das Verbot gilt auch für Wassersportler mit Einschluss von Windsurfern. Verstoßen sie dagegen, müssen sie sich die Bezeichnung „segelnde Vogelscheuchen" gefallen lassen, mit der radikale Naturschützer sie diffamieren.

●Zu **Seehunden** ist ebenfalls ein Abstand von mindestens 500 Metern zu halten.

●**Wattwanderungen** unternehme man nur unter kundiger Führung („staatl. gepr."). Erstens dient dies der eigenen Sicherheit, und zweitens werden Natur und Umwelt dadurch minimal gestört.

●Im gesamten Nationalpark dürfen **Hunde** nicht frei laufen. Auch „brave" Hunde geraten außer Rand und Band, wenn ein Wildtier vor ihnen davonflattert oder -läuft, und alles Rufen und Pfeifen nützt dann nichts. Auf manchen (speziell ausgeschilderten) Deichabschnitten sind Hunde (auch an der Leine) ebenfalls verboten.

Hundeverbot

Dünen

Lahnungen Vielerorts, insbesondere im Bereich der Badestrände, sieht man **„Hecken" aus Zweigwerk.** Sie bilden auf stattliche Distanzen Karrees und sind, obwohl nicht immer schön anzuschauen, recht praktischer Art: Hinter ihnen kann man sich nämlich vor Wind, Sonne und neugierigen Augen vorzüglich verstecken.

Aber für diesen Zweck hat man die sogenannten Lahnungen nicht mit erheblichem Aufwand in den Boden gepflanzt. Ihre **Aufgabe** ist stattdessen, den Flugsand aufzufangen und dieserart die Dünen vor dem Davonwandern zu bewahren. Diesen Job erfüllen sie mit großer Zuverlässigkeit.

Geschichte und Natur

Füttern verboten!

Viele Meter Lahnungen sind der **Arbeit von Schülern** zu verdanken, die in freiwilligen Einsätzen die Dünen mit diesem Strauchwerk versahen.

Melkhorn-Düne

Langeoogs Dünen genossen einst den Ruf, stolze Gebirge zu sein. Ältere Karten verzeichnen die Melkhorn-Düne (in der Nähe der Jugendherberge) noch mit imposanten 21,30 Metern als „höchste Erhebung Ostfrieslands". Das ist jedoch längst Schnee von gestern. Durch natürliche Abtragung hat die Melkhorn ihren Titel verloren und die anderen Dünen der Insel zählen auch nur noch zum Mittelfeld. Na, und – muss man ausgerechnet an der Nordsee immer mit einem Höhenmesser herumlaufen? Die kleinen Seen links und rechts der Melkhorn sind **Reste des Großen und Kleinen Schlopps,** den einstigen Dünendurchbrüchen, die sich zum Teil selbst kurierten.

Vogelwelt am kleinen Schlopp

Düneneinsamkeit

Flinthörn und Ostende

Sowohl die Dünen am Südwest- ("Flinthörn") als auch jene am Ostende sind geologisch relativ jung. Das Flinthörn ist, genau besehen, ein **Anlandungsgebiet,** und zwar über einen sogenannten Fluthaken ("Huk"), der sich langsam, aber stetig verlängert. Das heißt, hier wird ständig Sand deponiert und Land hinzugewonnen. Auch im Osten baut Langeoog an, weniger als die anderen Inseln, aber jedenfalls treten keine Verluste auf.

Insgesamt sind die Langeooger Dünen gut ausgeprägt und zum Inselinnern hin so stark mit **Vegetation** bewachsen, dass sie eher der mediterranen Macchia als den kahlen Sandhaufen ähneln, als die man sich Dünen gemeinhin vorstellt. Dies macht einen zusätzlichen Reiz Langeoogs aus – man kann lange Inselwanderungen unternehmen und befindet sich ständig "im Grünen"...

Dünenkreuz

Der gesamte Dünengürtel der Insel hat übrigens zugelassene **Übergänge,** außerhalb derer man nicht herumtapsen darf. Die Übergänge sind mit weit sichtbaren roten "Dünenkreuzen" markiert.

Salzwiesen

Pflanzen

Die schönsten Salzwiesen auf Langeoog findet man vor dem Deich in Richtung auf die Meierei,

Geschichte und Natur

am Ostende und am Flinthörn. Mit dem Wort Salzwiesen bezeichnet man **wattseitige Ufer-flächen,** auf denen Landpflanzen wachsen, die trotz des Salzwassers gedeihen, das sie hier unregelmäßig überschwemmt.

Zu diesen **hoch spezialisierten Gewächsen** gehören auf Langeoog eine ganze Anzahl von Arten, die alle mit der Vorsilbe Strand- beginnen: Aster, Beifuß, Flieder, Grasnelke, Nelke und Sode. Im Winter ist von diesen Pflanzen kaum etwas zu sehen; sie schöpfen im Verborgenen Kraft für die kommende Wachstumsperiode. Von Mai bis Oktober dagegen sind die Salzwiesen eine einzige Pracht subtiler Farben von zartem Rosa bis mildem Lila.

Später, im Herbst, setzt der allgegenwärtige **Queller** ein sattes Rotbraun hinzu. Diese urige Pflanze, die einer an Land umgesiedelten Alge gleichkommt, wird in Frankreich wie Spargel verspeist. Bei uns steht sie unter striktem Naturschutz, wie auch die anderen genannten Strandgewächse.

Tiere

Die Salzwiesen stellen wegen ihrer reichen Vegetation und einer Vielzahl von **Insekten** und bodenwärtigem **Kleingetier** einen idealen Lebensraum für viele **Vögel** dar. (Allein auf der Strandaster leben 25 Insektenarten!) Enten, Gänse sowie Watvögel wie der Rotschenkel und der Säbelschnäbler sind hier in großer Zahl zu Hause, und in jedem Frühjahr und Herbst fallen riesige Scharen von Zugvögeln ein. Sie erholen sich vor den Deichen von der Flugreise und rüsten sich für die nächste Etappe. Mehrere Arten erledigen in den Salzwiesen auch ihre Brutgeschäfte.

Verhalten

Alle Salzwiesen auf Langeoog gehören zur **Ruhe-zone des Nationalparks** und dürfen nur auf den zugelassenen Wegen betreten werden. Doch auch hier ist auf gelegentliche **Eigelege und Jung-vögel zu achten,** die aufgrund ihrer ausgezeichneten Tarnung vielleicht den räuberischen Möwen

Wer entdeckte den Sanddorn?

In Langeooger Annalen kann man nachlesen, dass russische Kriegsgefangene auf der Insel den Sanddorn für sich „entdeckten". Seitens einiger Insulaner wird diese Nachricht geradezu wütend dementiert („Quatsch!"); man hätte den Dorn auch schon vor dem Krieg gekannt und geerntet. Wohl wahr. Zutreffend dürfte aber auch sein, dass die Russen die im Naturzustand freudlos zu verzehrenden sauren Beeren als wichtiges Nahrungsmittel entdecken mussten, weil sie sonst nicht viel zu beißen hatten.

Noch im Krieg begann man die Beeren einzusammeln und zu Vitaminpräparaten („Cebion") für die Frontsoldaten zu verarbeiten. Voll glühenden Eifers erschien 1942 ein Fähnlein von 200 Oldenburger HJlern auf der Insel, um bei der Ernte zu helfen und einen Beitrag für den Endsieg zu liefern. Aber auch die gesunden Beeren konnten die Niederlage nicht mehr aufhalten.

Heute wird der Sanddorn im Hausgebrauch zu Säften, Marmeladen und Früchtetees verarbeitet; manchmal tritt er auch als Likör in Erscheinung. In der Ruhezone des Nationalparks dürfen die Beeren allerdings nicht gepflückt werden. Falls Ihre Kinder sich mal die orangefarbenen Beeren in den Mund schieben sollten – keine Panik! Die Früchte richten keinen Schaden an, sondern können, im Gegenteil, sogar zu einem kleinen Endsieg beisteuern, über Erkältungen zum Beispiel.

Außerdem hat man in jüngster Zeit herausgefunden, dass Sanddorn auch Vitamin B12 enthält und damit die ultrakurze Liste derjenigen Pflanzen verlängert, die diese Substanz aufweisen (B12 existiert ebenfalls in Brokkoli, Fenchel, Grünkohl und milchsauer vergorenen Gemüsen). Ein weiterer Schlag gegen die Argumente der Antivegetarier, die dieses lebenswichtige Vitamin nur in Fleisch, Milch und Eiern wähnen. Jetzt muss wohl erneut revidiert werden: Der B12-Anteil im Sanddorn soll mit dem von Schweineleber vergleichbar sein.

Geschichte und Natur

entgehen, aber leicht unter einen menschlichen Fuß geraten können. Auffälliges Verhalten der Elternvögel (Scheinattacken, Lahmstellen oder lautes Geschimpfe) deutet zumeist darauf hin, dass man in unmittelbarer Nähe eines Geleges oder von Jungvögeln befindet. Man sollte dann besonders sorgfältig auf den Weg achten und möglichst schnell aus dem betreffenden Terrain verschwinden.

Es versteht sich, dass man in den vogelreichen Salzwiesen keinen unangeleinten **Hund** laufen lässt und auch versucht, sich das **Steigenlassen von Drachen** zu verkneifen. Beides ist dort, wie man auch ohne Schilder wissen sollte, strengstens verboten.

Watt

Begriff Wer da vermeint, dass das Wort etwas mit „waten" zu tun hat, ist auf dem richtigen Dampfer. Im Althochdeutschen war „Wat(t)" eine **Furt.** An Meeresküsten wird mit dem Begriff das flache Land bezeichnet, das im Rhythmus der Gezeiten überspült wird und wieder trockenfällt.

Vorkommen Watten (so der korrekte Plural) gibt es **keineswegs nur an der Nordsee.** Nirgendwo sonst sind die im Meer verschwindenden und dann wieder wundersam aus ihm auftauchenden Landflächen jedoch so groß wie hier. Die Nordseewatten stellen insofern eine weltweit einmalige Topografie dar.

Lebens-raum Watt So leblos sich die mächtige, zumeist schlickdunkle Fläche bei Ebbe auch ausmacht: Das Watt steckt voller wuseliger Fauna wie kaum ein anderer Lebensraum auf Erden. Es handelt sich zumeist um Klein- oder gar Kleinstgetier, das sich wiederum von winziger Fauna ernährt: Bis zu eine Million **Kieselalgenzellen** befinden sich in einem Fingerhut Wattboden. Auf einem Quadratmeter davon wiederum sind bis zu 40.000 **Minikrebse** – wie auch immer – aktiv. Die nächstgrößere Lebensform,

Wattwürmer, ist auf dieser Fläche an die fünf-
zigmal vertreten; wurstige Häufchen an der Oberfläche verraten ihre Gegenwart. Und in riesiger
Zahl beleben mehrere Arten von **Muscheln** das so
bewegungsarm erscheinende Areal. Nur ihre toten
Schalen bedecken vielerorts große Flächen – was
keineswegs auf ein allgemeines „Muschelsterben"
hindeutet, sondern auf das ganz normale Ableben
dieser Mollusken im natürlichen Zyklus: Die festen
Schalen bleiben halt liegen, mitunter in alle Ewig-
keit. (Eine weitgehend aus Muschelschalen bestehende Bodenbeschaffenheit nennt sich auf den Inseln „Schill". Man erkennt die Verwandtschaft zum
englischen *shell* = Muschel.)

**Bedrohung
der Watten**

Dem Wattenmeer wird hart zugesetzt. Es ist leicht
einzusehen, dass dieser Lebensraum, der zahllosen Kleinstorganismen als Habitat dient und für
seinen Erhalt von vielen biologischen Wechselwir-
kungen abhängt, ein außerordentlich **fragiles Ge-
samtwesen** darstellt. Überdies ist das Wattenmeer
die Kinderstube eines Großteils der Nordseefi-
sche: Hering, Scholle, Seezunge und Sprotte und
andere Flossenträger schlüpfen hier aus dem Ei.
Wird dieses Biotop zerstört, ist's auch aus mit der
– ohnehin schon sich darniederliegenden – Fi-
scherei. Wir täten also gut daran, uns um seine
Gesundheit bemüht zu machen, nicht wahr?

In der Tat. Wie anfällig das Watt ist, zeigt die
Kontroverse über die **mysteriösen schwarzen
Flecken** im Sommer 1996. Diese mehrten sich derzeit im Bereich der ostfriesischen Inseln; auch bei
Langeoog traten ein paar besonders große Felder
auf. „Stirbt das Watt?" fragte die Presse bang. Und
der „Spiegel" wusste: „Das Watt kippt." „Schwarze
Flächen künden vom Sterben der einzigartigen
Küstenlandschaft", trompetete die sonst gar nicht
ökonahe Zeitschrift „Focus" und machte flugs die
Schuldigen aus: „Gifte und Schadstoffe. Ein tödli-
cher Cocktail". Von einem „endgültigen Kollaps"
des Wattenmeeres war gar die Rede – vielleicht im

Geschichte und Natur

Rahmen der methodischen Übertreibung, die schon an früherer Stelle im Buch zur Sprache kam.

Die Furore nahm dermaßen zu, dass sich die Inselgemeinden bemüßigt fühlten, einen Rundbrief zu veröffentlichen, in dem man – ausnahmsweise mal auf Seiten der Ökologen – versuchte, sich mit dem Phänomen sachlich auseinanderzusetzen. Fazit: Aufeinanderfolgende heiße Sommer und strenge Winter können zu massivem Absterben der Bodenfauna des Watts führen. Die tote Biomasse bildet dann schwarze, stinkende Flächen. (Auf Amtsdeutsch: „Die Zersetzungsprozesse können dazu führen, dass in der Zeit des trockengefallenen Wattenmeeres bei entsprechenden Winden Gerüche wahrzunehmen sind, die mit diesen Zersetzungsprozessen zusammenhängen.") Weiteres Fazit: Das hatte es früher auch schon gegeben. Stimmt wohl. Nach weiteren „normalen" Sommern und Wintern hat sich das Watt offenbar regeneriert; die Flecken gibt es jedenfalls nicht mehr. Aber wer sich die schwarze Apokalypse seinerzeit mit angesehen hatte, dem sitzt der Schrecken immer noch in den Gliedern. Der GAU im Watt ist nämlich auch der GAU für die Inseln.

Vogelwelt

Möwen

Die Möwen, die laut *Christian Morgenstern* alle so aussehen, „als ob sie Emma heißen", sind überall. Sie begleiten bereits die Langeoog-Fähre in großen Schwärmen, und auf dem Oberdeck passt man besser auf, nicht von einer gelegentlichen „Bombe" getroffen zu werden. Das Hauswild der Nordsee frisst nicht nur viel, es gibt auch viel wieder von sich. Das ist der natürliche Gang der Dinge, und man sollte über einen Spritzer Möwenmist auf der Freizeituniform nicht in Aufruhr geraten.

In der Mehrzahl handelt es sich bei den Vögeln um **Silbermöwen,** so genannt wegen ihres hellfarbigen Gefieders, oben blaugrau, unten weiß. Auffallend sind auch gelbe Schnäbel (mit einem

Die „Europipe" – Fluch oder Segen?

Wann immer ein schön formulierter Text zum Thema einer neuen technischen Errungenschaft die Runde macht, sollte man mit Skepsis reagieren: Welche Interessen stecken dahinter? Und je blumiger die gewählte Sprache ist, desto mehr Misstrauen mag angebracht sein ...

Als eine Broschüre mit der Überschrift „Interessante Schiffe vor Langeoog" die Runde machte, fühlten sich manche Insulaner fatal an die „interessanten Versuche" des Jahres 1927 erinnert, die später im Bau des Bomberflugplatzes gipfelten. Auch bei der Verlegung der im September 1995 in Betrieb genommenen „Europipe I" gab es solche Anklänge. Zeitweilig gedieh die Operation zu einer Art Volksfest. Um die „vielfältigen Aktivitäten aus der Nähe betrachten zu können", wurden sogar Ausflugsfahrten zu den Verlegeschiffen veranstaltet.

Worum ging es bei dem Riesenprojekt? Die norwegische Statoil verlegte eine Rohrleitung von ihren Erdgasfeldern zum deutschen Festland („Europipe I") bei Dornumersiel, deren Schlussstrasse zwischen Langeoog und Baltrum hindurchführt, wo die interessanten Schiffe längere Zeit tätig waren. An und für sich eine recht saubere Angelegenheit, zumal die letzten 2600 Meter durch das Dornumer Watt mittels eines Tunnels bewältigt werden konnten – allerdings erst auf Druck der Umweltschützer. Und dass in deutschen Landen Bedarf an den 500 Milliarden Kubikmetern Erdgas besteht, die Norwegen laut Vertrag mit dieser Pipeline liefern wird, daran besteht auch überhaupt kein Zweifel. Das Durchspülen der Leitung mit hässlichen Chemikalien störte ebenfalls niemanden, denn die Norweger kippten das Ekelzeug vor ihrer eigenen Küste aus.

Ökologischer Unmut regte sich, als 1998 ruchbar wurde, dass man für eine parallele „Europipe II" diesen Vorgang umzukehren gedachte: Nunmehr sollten rund 800.000 Kubikmeter Chemiebrühe zwei Wochen lang unmittelbar vor dem Nationalpark Niedersächsisches Wattenmeer in die Nordsee strömen. Das Thema ist inzwischen vom Tisch. Nur Seewasser, heißt es, gurgelte durch die Röhre, wogegen sich nun wirklich nichts einwenden lässt. Und mittlerweilen zischt Erdgas, einer der saubersten Energieträger, auch in der „Zwo" vom fernen Norwegen heran. Ein Beitrag zum Ausstieg aus der Atomenergie – so kann man es auch sehen. Und auf den Inseln rieb man sich die Hände: Es gab nämlich jede Menge „Ausgleichsleistungen" von den milliardenschweren Gasmännern.

Geschichte und Natur

roten Fleck) und Augen. Junge Silbermöwen unterscheiden sich von den „Erwachsenen" dermaßen, dass man versucht sein mag, sie für eine ganz andere Art zu halten. Sie besitzen ein braungrau gesprenkeltes Gefieder, dunkle Augen und einen schwarzgrauen Schnabel. Erst im Alter von vier Jahren kommt es zur Umwandlung in eine „wirkliche" Silbermöwe. Die Vögel sind in solch großen Zahlen vertreten, dass sie schon als Landplage gelten. Ihre Vielzahl geht nämlich auf das Konto anderer Arten, denn Silbermöwen sind arge Gelege- und Jungvogelräuber. Vor allem die Seeschwalbenpopulation der Nordseeinseln hat unter den Möwen sehr zu leiden gehabt.

Eng verwandt und ähnlich aussehend ist die **Sturmmöwe;** sie hat jedoch nicht den roten Schnabelfleck.

Ganz anders tritt die **Lachmöwe** in Erscheinung, nämlich mit einer schokoladenbraunen „Maske", die den größten Teil des Kopfes bedeckt, im Winter aber bis auf einen kleinen dunklen Restfleck abgelegt wird. Lachmöwen sind nicht so groß wie Silbermöwen, treten wegen ihrer ausgeprägten Anpassungsfähigkeit jedoch ebenfalls in stattlichen Zahlen auf.

Eine weitere im Raum Langeoog vertretene Möwenart ist die **Mantelmöwe,** ein großer, kräftiger Vogel mit zum Teil schwarzem Federkleid.

Andere Vögel

●**Alpenstrandläufer:** Was da mitunter in großen Scharen im Watt herumwuselt, sind Ansammlungen dieses kleinen, agilen Vogels. Zur Verwandtschaft zählen der Sichel- und Zwergstrandläufer und der Knutt. Diese possierlichen Tierchen sprinten einem öfter, allein oder zu mehreren, an der Wasserlinie voran – immer ein paar Meter auf Abstand.

●**Austernfischer:** Austern knackt dieser hübsche Vogel mit seinem kräftigen, roten Schnabel zwar nicht, und er ist insofern etwas fehlbenannt. Aber Herzmuscheln sind seine Leibspeise, und Wattwürmer lutscht er mit großem Behagen wie durch einen Strohhalm aus ihren Löchern. Deswegen ist der schwarzbeköpfte Fischer, eifrig stochernd, im Watt in mitunter beträchtlicher Anzahl zu sehen. Auffällig ist der rasche Flügelschlag, der an Wildenten erinnert.

• **Großer Brachvogel:** Das Merkmal dieses stattlichen Watvogels ist der lange, leicht gekrümmte Schnabel, Werkzeug für die Ernährung in Salzwiesen und sumpfigen Dünentälern. Dort hört man auch seinen charakteristischen Ruf: „Prüüühip". Der Große Brachvogel ist relativ selten geworden, doch im Herbst ist er als Zugvogel häufiger vertreten, vornehmlich im Ostteil der Insel.

• **Kormoran:** Fast wäre es gelungen, diesen urigen Vogel aus blindem Futterneid – „Fischfresser!" – auszurotten. Seit er unter Naturschutz steht, hat er an deutschen Küsten wieder Fuß gefasst, wenn auch zumeist im Ostseebereich. Auf Langeoog tritt der Kormoran überwiegend als Einzelexemplar in Erscheinung.

• **Küstenseeschwalbe:** Mit seiner schwarzen Kappe ähnelt dieser Vogel der Lachmöwe. Er ist jedoch viel kleiner, eben eine „Schwalbe". Es handelt sich um einen ausgeprägten Seevogel, der stoßtauchend Fische fängt. Bemerkenswert sind die Fernreisen dieses Piepmatzes, die entlang der Küsten von Afrika und Südamerika bis in die Antarktis führen.

• **Rotschenkel:** Dieser rotbestrumpfte Kleine ist überwiegend auf den Marschwiesen vor den Deichen und im Wattvorland zu finden, wo er mit seinem langen und spitzen Schnabel der Nahrungssuche nachgeht. Dort ist auch sein Ruf häufig zu hören: „tü-tü", der in Trillern und Jodeln übergeht, wenn sich der Vogel im Frühjahr auf Brautschau befindet. Die er übrigens sehr ernst nimmt: Sie dauert bis zu zwei Monate. Dafür darf sich der männliche Rotschenkel später auch weitgehend allein der Aufzucht des Nachwuchses widmen – das hat er davon.

Geschichte und Natur

063la Foto: rh

Anhang

Literaturhinweise

- *Ahlrichs, R.:* **Ostfriesland.** Leer 1991. Ein relativ lustiges Büchlein, geschrieben von einem richtigen Ostfriesen.
- *Ammermann, O., Detlefsen, G. U., Horb, F.* und *Uplegger, U.:* **Schiffahrt der Inselgemeinde Langeoog.** Inselgemeinde Langeoog, 1996. Chronik der Reederei und Inselbahn. Gründliche Beschreibung des Werdegangs; durchgängig illustriert. Wegen zu vieler technischer Kleindaten gerät manchmal etwas ungewollte Komik hinein.
- *Buchwald, K.:* **Nordsee – ein Lebensraum ohne Zukunft?** Göttingen 1990. Wichtiger Leitfaden für einen gründlichen Einblick in die ökologischen Verhältnisse des Nordseeraums.
- *Dahms, D.:* **Kotzfibel.** Rohrbach 1996. Ein höchst vergnügliches Kompendium zum Thema Seekrankheit.
- *Hanewald, R.:* **Deutschland Nordseeinseln.** Bielefeld. Der Autor des vorliegenden Buches beschreibt hier alle Inseln von Borkum bis Sylt einschließlich Neuwerk und Helgoland.
- *Hoffrogge, P.:* **Verwehte Spuren – Strandungen auf Langeoog.** Jever 1989. Gut dokumentiertes Werk, aber leider durch Illustrationen von Kinderhand und blauäugige Wunschdenkmodelle etwas entwertet.
- *Jakubowski-Thiessen, M.:* **Sturmflut 1717.** München 1992. Das wohl ausführlichste wissenschaftliche Werk zum Thema dieser verheerenden Naturkatastrophe.
- *Ostersehlte, C.:* **Die Deutsche Gesellschaft zur Rettung Schiffbrüchiger.** Hamburg 1990. Detaillierte Geschichte der DGzRS mit zahlreichen historischen Abbildungen.

ANZEIGE 183

Mit REISE KNOW-HOW ans Ziel

Die Landkarten des
world mapping project
bieten weltweite gute Orientierung.

- Auf reiß- & wasserfestem Polyart®
  gedruckt: beschreibbar wie Papier,
  kann individuell aufs passende
  Format gefalzt werden
- Modernes, gut lesbares Kartenbild
  mit Höhenlinien, Höhenangaben
  und farbigen Höhenschichten
- GPS-Tauglichkeit durch eingezeich-
  nete Längen- und Breitengrade;
  ab Maßstab 1:300.000 zusätzlich
  durch UTM-Markierungen
- Klassifiziertes Straßennetz mit
  Entfernungsangaben
- Wichtige Sehenswürdigkeiten,
  herausragende Orientierungs–
  punkte und Badestrände durch
  einprägsame Symbole dargestellt
- Der ausführliche Ortsindex ermög-
  licht das schnelle Finden des Zieles

Derzeit **über 160 Titel** lieferbar (siehe
unter www.reise-know-how.de), z.B.:

Mallorca, Nord   1:40.000
Pyrenäen   1:250.000
Zypern   1:150.000

world mapping project
REISE KNOW-HOW Verlag, Bielefeld

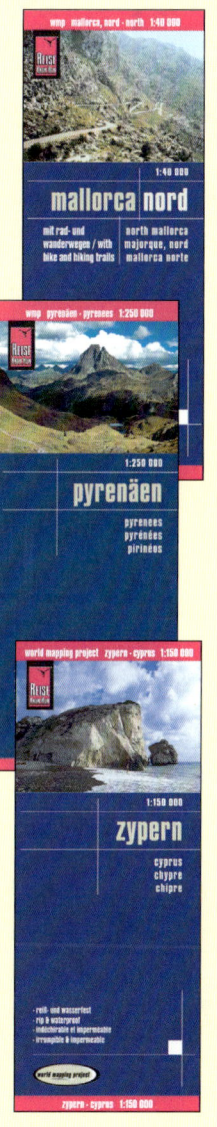

Anhang

REISE KNOW-HOW
das komplette Programm
fürs Reisen und Entdecken

**Weit über 1000 Reiseführer, Landkarten, Sprachführer und Audio-CDs
liefern unverzichtbare Reiseinformationen und faszinierende Urlaubsideen
für die ganze Welt – *professionell, aktuell und unabhängig***

Reiseführer: komplette praktische Reisehandbücher für fast alle touristisch interessanten Länder und Gebiete **CityGuides:** umfassende, informative Führer durch die schönsten Metropolen **CityTrip:** kompakte Stadtführer für den individuellen Kurztrip **world mapping project:** moderne, aktuelle Landkarten für die ganze Welt **Edition REISE KNOW-HOW:** außergewöhnliche Geschichten, Reportagen und Abenteuerberichte **Kauderwelsch:** die umfangreichste Sprachführerreihe der Welt **Kauderwelsch digital:** die Sprachführer als eBook mit Sprachausgabe **KulturSchock:** fundierte Kulturführer geben Orientierungshilfen im fremden Alltag **PANORAMA:** erstklassige Bildbände über spannende Regionen und fremde Kulturen **PRAXIS:** kompakte Ratgeber zu Sachfragen rund ums Thema Reisen **Rad & Bike:** praktische Infos für Radurlauber und packende Berichte von extremen Touren **sound)))trip:** Musik-CDs mit aktueller Musik eines Landes oder einer Region **Wanderführer:** umfassende Begleiter durch die schönsten europäischen Wanderregionen **Wohnmobil-TourGuides:** die speziellen Bordbücher für Wohnmobilisten

Anhang

Register

Anhang

Anhang

HILFE!

Dieser Reiseführer ist gespickt mit unzähligen Adressen, Preisen, Tipps und Infos. Nur vor Ort kann überprüft werden, was noch stimmt, was sich verändert hat, ob Preise gestiegen oder gefallen sind, ob ein Hotel, ein Restaurant immer noch empfehlenswert ist oder nicht mehr, ob ein Ziel noch oder jetzt erreichbar ist, ob es eine lohnende Alternative gibt usw.

Unsere Autoren sind zwar stetig unterwegs und versuchen, alle zwei Jahre eine komplette Aktualisierung zu erstellen, aber auf die Mithilfe von Reisenden können sie nicht verzichten.

Darum: Schreiben Sie uns, was sich geändert hat, was besser sein könnte, was gestrichen bzw. ergänzt werden soll. Nur so bleibt dieses Buch immer aktuell und zuverlässig. Wenn sich die Infos direkt auf das Buch beziehen, würde die Seitenangabe uns die Arbeit sehr erleichtern. Gut verwertbare Informationen belohnt der Verlag mit einem Sprechführer Ihrer Wahl aus der über 220 Bände umfassenden Reihe „Kauderwelsch".

Bitte schreiben Sie an: Reise Know-How Verlag Peter Rump GmbH, Postfach 140666, D-33626 Bielefeld, E-Mail: info@reise-know-how.de
Danke!

Der Autor

Roland Hanewald wurde in Cuxhaven an der Nordsee geboren und wuchs an der Weser auf. Über 20 Jahre fuhr er als Offizier der Handelsmarine zur See; lange Zeit wohnte er auch im Inselstaat der Philippinen. Seit Anfang der neunziger Jahre hat der Autor seine Liebe zur heimischen Nordsee wiederentdeckt. Er wohnt seither – zwischen monatelangen Expeditionen – im Kleinstädtchen Neuenburg in der Friesischen Wehde.

Der vorliegende Langeoog-Führer ist Roland Hanewalds 81. Buch, seit er sich zu Beginn der 1980er Jahre nach und nach von der Seefahrt verabschiedete, um als Schriftsteller, Journalist und Fotograf zu arbeiten. Zu seinen Büchern gesellen sich mehr als 1200 Beiträge in den führenden Magazinen der Welt.

067ba Foto: rh